観光地としても賑わう
いまや世界的に有名な
心霊スポット

青

（山梨

左／この日は私以外の観光客はほとんどおらず、ゆっくりと樹海の自然を堪能できた。
右／なぜか立ち入り禁止になっていて入れなかっ小道。この先にはなにがあるのだろうか？

東京都道53号青梅秩父線に存在
都心からのアクセスの良さが人気

上／固く封鎖された旧旧吹上トンネルの入口。
下／比較的最近に造られた新吹上トンネル。

吹上トンネル群

（東京都）☞ P16

上／関西最恐心霊スポットの滝畑第三トンネルと噂されている塩降隧道。
下／滝畑ダムの湖面。水底には集落が水没している。

豊富な自然と歴史遺産をあわせ持つ
心霊スポット密集地帯

滝畑ダム周辺

（大阪府）☞ P45

かもめ荘

（島根県）☞ P61

神話の国のお膝元にある
強力な怨念が渦巻く謎の廃墟

不気味な雰囲気を漂わせるかもめ荘の玄関入口。

静岡県屈指のヤバい場所は四季折々の景色が美しい公園

小笠山憩の森

（静岡県）☞ P82

左／小笠池に掛けられた矢矧橋。老爺の霊が出るという。
右／三連トンネルのふたつめのトンネル。この公園内で一番霊が目撃されているという。

明治期に煉瓦で造られた歴史的に貴重なトンネル群

上／14号トンネルの入口。
下／13号トンネル内部。老朽化して表面の煉瓦が崩れている。

13号と14号トンネル

（岐阜県）☞ P87

朝鮮トンネル
（岐阜県）☞ P93

木曽川を縫うように通る
悪路の先にあるお化けトンネル

酷道の先にある朝鮮トンネルの入口。

古い街道の難所に存在
心霊体験談も数多く報告される！

右／旧本坂トンネルの入口。
左／首狩り神社。旧本坂トンネルのすぐ傍にある超有名心霊スポット。

旧本坂トンネル
（静岡県と愛知県）☞ P99

軍人の霊が出没すると言われる山間の静かな墓地

美少年の像とのツーショット。当時10代前半で戦争へ赴いた少年兵だという。この美少年の霊が出没するとも言われている。

田原坂公園と七本官軍墓地

（熊本県）☞ P108

右／この階段を下っていくと、幽霊ホテルの入口がある。
左／3階の窓から手を振る女性が目撃されているというが……。

男鹿○○○○ホテル

（秋田県）☞ P119

秋田県随一！巨大なホテル廃墟オカルトマニアが必ず行く場所

右／旧仲哀トンネル入口の前に鎮座する首なし地蔵。
左／旧仲哀トンネルの内部からの写真。

事件や事故が
数多く起こった
最恐の呼び声高い
初代トンネル

旧仲哀トンネル

（福岡県）☞ P130

右／触ると祟りがある？と噂されている岩。
左／本堂へと続く真っ赤な鳥居。

自分の度胸を
ここで試す！
函館市内の
人気心霊スポット

ビビり神社

（北海道）☞ P143

八面山大池
（大分県）☞ P177

昼は緑あふれる行楽地
夜になると不気味な心霊スポットへ

池の神様？と思われる八大龍王の石像。

津軽海峡に面した
断崖絶壁の岬は
海から大量の手が
出てくるかも……

危険《きけん》
通行禁止
注意
この先、落石の恐れがありますので注意して下さい。
函館市

立待岬

立待岬
（北海道）☞ P148

右／函館の観光名所としても有名。
左／崖下へと続いている？と思われる通行禁止の道。

様々な妖怪伝承が残り、
恐ろしい殺人事件があった場所

満濃池

（香川県）☞ P157

左／池の近くからは土器が出土している。
右／龍の伝説が残る日本最大級のため池。

煉瓦造りの美しい
見た目とうらはらに
恐ろしい噂が渦を巻く

相坂トンネル

（兵庫県）☞ P161

苔むした煉瓦造りの相坂トンネルの内部。壁面には修復用なのか、チョークで数字や記号などが書かれている。

東北地方屈指の自殺の名所
日常のすぐそばにある
心霊スポット

八木山橋

（宮城県）☞ P181

深夜の八木山橋。橋の柵には有刺鉄線が巻かれてものものしい。

Coco
おかるとらべる365日ホラー旅

はじめに

本書を手に取っていただきありがとうございます。

筆者のＣｏ《こ》ｃｏ《こ》と申します。普段はお化け屋敷などホラーイベントの制作や怪談の執筆などを生業としていまして、もっぱら旅好きでバイク好きということもあり、日本全国の様々な心霊スポットや奇妙な伝承が残る場所を３６５日、毎日のように巡っています。

ちなみに居住している事故物件も現在４軒目となり、怪異や恐怖について日夜研究中です。


本書は、そんな生粋のホラーマニアが書き記した心霊スポット紹介本になっています。

ただ、どこにでもあるような内容の心霊スポットの紹介ではなく、旅先で出会った人々から聞かせていただいた話、実際に不気味な場所を訪れて感じたこと、ＳＮＳやイベントでの取材のなかで得た情報、書籍や過去の新聞記事などから調査した伝承や事件の内容、それらを元に心霊スポットをじっくりと深掘りして紹介し、そして最後にはその場所を訪れた人や地元住民が遭遇した怪異体験を怪談調で書き綴るという内容になっています。

私がこれまでに訪れた心霊スポットは数にして６００ヶ所近くあり、その無数のスポットのなかから、特に印象に残った場所や怖かったと感じた場所を悩みに悩み抜いて、全地方まんべんなく厳選しました。また、心霊スポットの名前は、広く普及している通称を採用しており、正式名称は本文中に明記しています。

本書でみなさんに感じていただきたいのは、心霊スポットは、ただ〝怖い〟だけではなく、それぞれの場所に必ず歴史があり、地元住民の日常生活があるということ。

放棄された廃墟、封鎖されたトンネル、自殺の名所になってしまったダムでも、元は先人たちが命を懸けて、または血と涙を滲ませ完成させた大切なものなのです。

そういったより奥深い部分まで知ることができると、より心霊スポットを楽しめるでしょう。

高校2年生のときに心霊スポットの面白さに魅入られ、巡りはじめて早十年。この節目の年に本書を出版できましたこと、皆々様に感謝しています。

では、身の毛もよだつほど恐ろしく、想像できないほど奇妙で、そして楽しいホラーの旅へ、私と一緒に出掛けましょう!!

※昨今、心霊スポットでの犯罪行為が数多く報道されています。不法侵入、放火、器物損壊、窃盗などの犯罪行為はもちろんのこと、夜中に大人数で騒いだり、ゴミを捨てたり、などの行為は絶対にしないようご注意ください。

※心霊スポットには霊的な危険性以外に、様々な物理的危険が伴います。廃墟であれば倒壊や閉じ込め、山であれば滑落や遭難、その他にも獣害や犯罪に巻き込まれるリスクもありますので、本書は決して心霊スポットへ行くことを推奨しているものではありません。また、起こるとされている心霊現象は、あくまでも〝噂〟であり、真相は一切不明です。

※本書は体験者および関係者に実際に取材した内容をもとに書き綴られた怪談集です。体験者の記憶と主観のもとに再現されたものであり、掲載するすべてを事実と認定するものではございません。あらかじめご了承ください。

※本書に登場する人物名は、様々な事情を考慮して一部仮名にしてあります。また、作中に登場する体験者の記憶と体験当時の世相を鑑み、極力当時の様相を再現するよう心がけています。今日の見地においては若干耳慣れない言葉・表記が記載される場合がございますが、これらは差別・侮蔑を助長する意図に基づくものではございません。

※本書は当該スポットを訪れることを意図したものではございません。私有地はもちろんのこと、公有地であっても立入禁止の場所には無断侵入しないようにしてください。また、公道などにおいても、近隣住民の迷惑になるような行為（大声、花火、ごみの放置、落書きなど）はお控えください。

目次

山梨県

青木ヶ原樹海《あおきがはらじゅかい》

左／樹海の遊歩道の中にある青木ヶ原樹海の看板とのツーショット。
右／自殺を防止するための看板。

日本最高峰の山、そして古くから神聖な場所として崇敬《すうけい》されてきた富士山。その麓《ふもと》には約1200年前の貞観《じょうがん》噴火で流れ出たマグマが冷え固まり、その上に約30平方キロにも及ぶ原生林が広がっている。

この森こそが「青木ヶ原樹海」である。通称「富士の樹海」とも呼ばれている。森の中には散策できるよう遊歩道が整備されているため、休日には観光地としても大きく賑わっている場所なのだが……。

海外の人に「日本の心霊スポットで思い浮かぶ場所は?」そう質問をすると、十中八九返ってくるのが〝スーサイド・フォレスト(青木ヶ原樹海)〟という答えだという。

全世界に情報発信しているアメリカのニュースチャンネルCNNが発表した世界七大禁断地にも堂々選出されており、いまや世界的に有名な心霊スポットとなっている。

この場所が心霊スポットと言われている所以《ゆえん》、それは自殺者の多さからだろう。その明確な数は公表されていないが、山梨県や地元警察が様々な自殺対策を講じている現在でも、少なくとも年間30人以上はここで自ら命を絶っていると噂されている。

とある自衛隊員から聞いた話では半年で50~60人の遺体が見つかるとも。私の知人が樹海付近を巡回している警察官に聞いたところでは、コロナ禍では月に6人以上は自殺されていると も言っていたという。

日本の年間の自殺者数約2万人を考えると、この数が多いのか少ないのか分かりづらいかもしれないが……。

関西屈指の飛び降り自殺の名所と言われ、心霊スポットとしても名高い和歌山県白浜にある「三段壁《さんだんべき》」はというと、年間の自殺者数が10人前後と言われている。こうして比べてみると、やはり樹海の自殺者数が異様に多いことが分かるだろう。

そして、樹海には数えきれないほど様々な噂や都市伝説が囁《ささや》かれている。そのなかでも特に有名なものをピックアップしてみよう。

・樹海の中の遊歩道を外れ、森の奥へ入ると方位磁針やGPSの類が狂いだし、二度と生きて森から出られなくなる。
・死にきれなかった自殺者が集まってできた集落（樹海村）がある。
・無念の想いのうちに自殺した亡霊が彷徨《さまよ》っており、様々な霊障を引き起こしている。
・遊歩道を歩いていると、ふいに誘われるような感覚があり、つい森の中へ入っていってしまう。
・心霊写真がよく撮れる。

——などがある。

今挙げたのはあくまでも風説にすぎず、明確に否定されている噂もある。

しかし、この世に失望した人々の終焉《しゅうえん》の地となっているというのは、紛《まぎ》れもない事実である。

まるでこの森に誘われているかのように。

実際にそのことを思い知らされるような体験をした人がいる。


このお話を提供してくださった、ダンディー涼太さん（以下、涼太さん）は数年前に友人ふたりと「樹海に死体を探しに行こう！」と思い立った。

涼太さんはなにも実際に死体が見たくて提案したというわけではなく、面白半分と残り半分は好奇心だったという。

都内からドライブがてら下道を使い、山梨県に着いたころには既に昼すぎになっていた。

近くの道の駅で昼食を済ませ、過去に訪れたことのある鳴沢氷穴《なるさわひょうけつ》の辺りから樹海の遊歩道を散策しようと車に乗った瞬間。

とある異変に気が付いた。

それは鼻を衝《つ》くような強烈な悪臭だった。先ほどまではなんともなかった車内。

それが今まで嗅いだことのないような異臭に包まれている。たとえるなら、夏場に放置した生ごみの臭いをギュッと濃縮したようなものに近かったという。

当然、友人らもすぐに異臭に気が付き、臭いの発生源を探した。しかし、車内をどれだけひっくり返しても見つからず、仕方なく窓を全開にしたまま車を走らせることにした。

青木ヶ原樹海の周辺には、火山噴火の際にできた洞窟がいくつもある。そのうちのひとつで、特に観光スポットとして賑わっているのが鳴沢氷穴だ。洞内には夏場でも自然発生した氷柱が見られ、鮮やかな照明によって彩られている幻想的な場所である。

氷穴の駐車場へと着くと3人は、洞窟には見向きもせずに傍《そば》を通る遊歩道へと向かった。

洞窟周辺は、駐車場に停まった大型観光バスのツアー客と思われる人々でごった返している。しかし、遊歩道へ一歩足を踏み入れれば、辺りは鳥の鳴き声ひとつない、しーんっとした空気に包まれていた。

かえってその静けさが不気味だったという。

道の入口には自殺を思いとどまらせるための文言と、電話番号が記載された看板が設置されている。

ブツブツと穴が開いた黒い岩、地中から露出した木の根。樹海特有の景色を眺めながら3人が歩いていると、フワッと悪臭が鼻を衝《つ》いた。

さっき車内で嗅いだのと同じ臭い。

ふと前方を見ると、苔《こけ》むしたベンチの傍の木にひっそりと目立たないようにビニール紐が結びつけられている。その紐は遊歩道から外れ、森の奥へと続いていた。

おそらく、奥へ入った人がまた遊歩道へ戻るために付けた道しるべなのだろう。

「なんか怪しいっすね、ちょっと辿《たど》ってみません？」

仲間のひとりがそう言いながら、ためらいもなく森へと入っていった。涼太さんも追いかけるように道を進む。歩くにつれ臭いはどんどん増していき、着ているシャツで鼻を覆わずにはいられなかった。

30メートルほど進んだころだろうか、仲間が急に立ち止まった。そこには苔だらけの地面に、開かれたビニール傘がポツンと置かれている。

その下には傘に隠れるように黄色い蛍光カラーのリュックが無造作に置かれており、口からは荷物が散乱していた。

「これくっさいな、いやめっちゃ臭うけど」

あまりの強烈な臭いに、涼太さんがボソッと呟いたと同時に、

「だって、そこに死体あるっすもん」

仲間が指差す方向には、地面に人ひとりが入れそうな小さな横穴がぽっかりと空いている。そこに隠れるように男が倒れていた。落ち着いた紫色のシャツに紺色のボトムス、肌はどす黒く変色しており、顔には大量のウジ虫が沸々と湧き上がるように蠢《うごめ》いていた。

「うわぁ、マジで見つけちゃったよ……」

その後、すぐに遊歩道へと戻り警察へ通報したという。

警察が現地へ到着したのは通報から2時間ほど経ったころだった。

枝に括《くく》りつけられたビニール紐は、〝遊歩道へ戻るため〟ではなく、〝自分の遺体を見つけてもらうため〟だったのだろう。

ただ、不可解な点があると涼太さんは話してくれた。

「後々思ったら、車内に充満していた異臭はあの遺体が発していた臭いと同じものだったことに気付いたんです。でもね、自分たちが遺体を見つけた場所から、臭いがしはじめた場所は距離的に臭いが届くはずがないんですよ。これって……」

涼太さんたちは、遺体に呼ばれていたのだろうか。


別の人からこんな話も聞かせてもらった。

「僕の先輩がトラック運転手をやっていて、その木山さんっていう先輩が体験した話なんですけど……」

木山さんは朝昼晩と毎日トラックに乗って荷物を届けていたという。

ある夜のこと、静岡県まで荷物を届けることになった木山さんは、大雨が降るなか、トラックを走らせていた。

道中、山梨県の青木ヶ原樹海の傍の国道を通っていたとき。前方にひとりの女性らしき人影が歩いているのが目に留まった。

こんな雨が降りしきるなか、傘も差さずに歩く女性に、木山さんは車を停めて声を掛けるべきか迷ったそうなのだが、少し先に売店があったことを思い出し、そこに停めて待つことにしたという。

10分……、20分……、30分と経過。結局、女性は現れなかった。

それから、仕事で青木ヶ原樹海の傍を通るたびに、その女性を目撃するようになった。

しかも、あのときとまったく同じ場所、同じ姿で。

またあいつがいる……。また見てしまった……。今日もだ……。

同僚たちに話しても信じてもらえない。仲間を連れて行ったこともあったがそのときに限って女はいなかった。

そんなことが何度も続き、結局木山さんはその職場を辞めてしまったという。


筆者自身も過去に昼と夜にそれぞれ一度ずつ、樹海を訪れたことがある。一度目は昼に訪れ、樹海が持つ唯一無二な風景、壮大な自然の美しさと新鮮な空気に魅了された。売店の名物の信玄きなこパフェも絶品だった。

しかし、夜の樹海は昼間とはまるで別世界のように様変わりしていた。虫や野鳥の鳴き声、動物の潜む音すらもない静寂。そして、ライトの光さえも届かない深い闇が広がっている。

人は音も光もない空間に長時間いると不安感から発狂するといわれるが、樹海は廃墟やトンネル、墓地などとはまた違った本能的な恐怖を感じさせる数少ない心霊スポットだと感じた。

東京都

吹上トンネル群《ふきあげとんねるぐん》

右上／新吹上トンネル。一応心霊スポットだが、かなり明るいため不気味な雰囲気はあまり感じない。
左上／旧吹上トンネルへ向かう道中。
左下／旧吹上トンネルの中から写した写真。この日は他の探索者が沢山いてあまり写真を撮ることができなかった……。

東京都の北西部に位置する青梅《おうめ》市は面積の半分以上を雄大な山林が占め、市の中央辺りに多《た》摩《ま》川《がわ》が流れる、自然環境にとても恵まれた市である。週末にはキャンプや登山、ラフティングなどの行楽客で賑わうこの場所だが、実は古くから怪談に所縁《ゆかり》のある場所なのである。

というのも、かの有名な怪談作家、小泉《こいずみ》八雲《やくも》氏の代表作『雪女』の舞台となった場所は青梅市の調布橋《ちょうふばし》付近であると言われ、「雪おんな縁の地」という石碑まで立っている。

さらに青梅市という市名の由来は日本三大怨霊の一角である平将門《たいらのまさかど》の伝説(梅の木に願掛けをしたところ、青い実のまま成熟しない不思議な梅の木に育った)にちなむもので、青梅市と将門は深いつながりがある。

そんな不思議議話が豊富な青梅市には、東京都民から絶大な人気を誇る心霊スポットがある。それは東京都道53号青梅秩父《ちちぶ》線に存在する〝吹上トンネル群〟である。

新吹上トンネル、旧吹上トンネル、旧旧吹上トンネルの3つのトンネルからなる心霊スポットで、都心からのアクセスの良さからか、映画やTVのロケ、若者の肝試しと、夏にもなればひっきりなしに人が訪れる場所だ。

東京都心部の心霊スポットは、「将門の首塚」「千駄ヶ谷《せんだがや》トンネル」「青山霊園」など知名度の高さ、いわくの恐ろしさ、歴史の深さに優れている場所は多いのだが、大都会という土地柄上、心霊的恐怖に必要不可欠な「暗い・廃れている・周囲に人がいない」という要素を兼ね備えている場所は非常に少ない。

そういった面でも、見た目がしっかりと怖い「吹上トンネル群」は重宝されるのだろう。

ちなみに吹上のように、新・旧・旧旧と3世代にまたがるトンネルが現存しているのは珍しいことなのだが、栃木県の須花隧道《すばなずいどう》、静岡県の宇津ノ谷《うつのや》隧道、三重県の長野隧道、兵庫県の鐘ケ《かねが》坂《さか》隧道、高知県の大森隧道、とすべてに幽霊が出ると言われている。

3世代トンネルは心霊スポットになる運命なのかもしれない。

新吹上トンネル
1989年10月竣工、1993年7月開通。

延長604メートル、車道幅7メートル、歩道幅1・5メートル、高さ4・7メートル。

吹上トンネル群のなかでは一番新しいトンネルで平成年間に開通している。

現在は唯一このトンネルのみ自動車が通行することができ、ここが開通したことにより青梅市と埼玉県秩父市間の交通の利便性が格段に向上したそうである。

心霊的な噂としては……。

・女性の霊が出没する。

――という噂のみで、正直なところ、旧トンネルのおまけ的なポジションであり、こういったタイプの場所は全国多々ある。

たとえば、2020年に公開され大ヒットした映画『犬鳴村』の舞台となった福岡県の旧犬鳴トンネルは言うまでもなく超有名スポットであるが、実は新道の新犬鳴トンネルも心霊スポットだと言われている。旧トンネルが超有名心霊スポットとなった場合は、新トンネルにも噂が派生していくのはよくあることのようだ。

旧吹上トンネル（吹上隧道）

1953年竣工（1955年や1958年と表記された資料もあり）。

延長245メートル、幅5・5メートル（6メートルと表記された資料もあり）、高さ約4～4・8メートル。

昭和に完成したトンネルで、旧旧トンネルでは通行できなかったバスやトラックなどの大型車を通行できるようにするため、約12年もの年月をかけて掘られたという。

新トンネルの開通に伴い現在はトンネルの手前に車止めがされ、徒歩や自転車のみが通行できるようになっている。

とはいえ、新トンネルにも歩道が整備されており、しかも距離的にそちらを通った方が近いため、一般の歩行者は旧トンネルを利用することはほとんどないようだ。

前述の映画『犬鳴村』のロケ地となったことでも有名。
ここには様々な心霊の噂が語られており……。

・白い服の女の霊が出没する。
・老婆がトラックに轢《ひ》かれ、押し潰されるという事故があり、それから老婆の霊が出没する。
・心霊写真がよく撮れる。
・どこからか赤ちゃんの泣く声や、人の声が聞こえてくる。

——というものだ。
旧トンネルで目撃されている白い服の女の霊は、この後に紹介する旧旧トンネルに出没している霊と同じ霊だとされている。

旧旧吹上トンネル（旧吹上隧道）
1904年竣工。2009年3月ごろに完全閉鎖。
延長102〜104メートル、幅3・3〜3・6メートル、高さ2・8メートル。
明治期に掘られた煉瓦《れんが》造りのトンネルで、現在は入口が鉄板により隙間なく封鎖され、通行することはもちろん、中の様子を覗き込むことすらもできなくなっている。

工事事故情報や付近に殉職者碑などは見当たらないが、25年という長い年月を掛けて掘られたことから、もしかすると工事中にトラブルがあった可能性もあるかもしれない。

3つのトンネルのなかで一番凶悪な心霊スポットと言われており……。

・トンネル手前で居酒屋を経営していた一家が惨殺される事件があり、その被害者（白い服の女と老婆）の霊が出没する。
・男女の苦しそうな呻《うめ》き声が聞こえてくる。
・某誘拐殺人事件の死体遺棄現場だと言われており、加害者が白い車に乗っていたことから、白い車でトンネルを通ると呪われる。
・この場所を訪れた人は1ヶ月以内に不幸なことが起こる。

――という噂が囁かれている。

特にこのなかで有名なのは、居酒屋を経営している一家が惨殺されてしまったという事件だろう。

今から半世紀以上も前に旧旧トンネルの手前で居酒屋を営んでいた家族がいたそうである。ある日、その居酒屋に強盗が押し入り、家族を斧《おの》で次々と惨殺していった、最後に残された娘は命からがらトンネルの方まで逃げたものの、とうとう強盗に追いつかれ、必死の命乞いも虚しく、殺されてしまったという話である。

心霊スポットにありきたりな噂であること、残虐性の高い事件にもかかわらず、事件に触れてある新聞記事や書籍が見つかっていないことからデマだと推測されているが、ネット上では近隣住民からの聞き込みにより、内容に若干の差異はあるが、事件そのものは存在していたと証言する者もいる。しかし、私も過去の新聞記事をかなりの年数を遡《さかのぼ》って調べてみたが、やはり該当する事件を見つけ出すことはできなかった。


ホストをされている山下さんからこんな体験談を聞かせていただいた。

今から15年ほど前、友人4人で吹上トンネル群に肝試しに行ったことがあるという。

電車を乗り継いで最寄り駅まで行き、そこからは徒歩で1時間ほどかかった。

旧吹上トンネルに到着したころには辺りは暗くなっており、オレンジ色の照明にほんのりと照らされたトンネルは見るからにヤバそうな雰囲気を醸《かも》し出している。

しかし、雰囲気はあるのだが、結局ここでなにかを見るということはなかった。期待値が上がっていた山下さんたちは、所詮こんなもんか、と内心がっかりしたという。

そして、その足で旧旧吹上トンネルへと向かった。その当時は今とは違い、入口は鉄板で塞がれておらず、金属製のフェンスで覆われていた。

だが、そのフェンスも先人によって破られ、侵入できるようになっていた。

破れたフェンスの合間を縫って、トンネル内へと侵入した山下さんは恐怖で足が竦《すく》んだ。

さっきのトンネルとは明らかに違う威圧感、重苦しい雰囲気が漂《ただよ》っていたのだという。

ピチャ……、ピチャ……。

水が滴《したた》る音と自分たちの足音だけがトンネル内にこだましている。

手元のガラケーのライトで照らすが、数センチ先を照らすので精いっぱいだった。

友人らはそんなことを気にすることもなく、どんどん進んでいく。

トンネル中心辺りに来たときだろうか。

「なぁなぁ、後ろから足音聞こえないか?」

友人のひとりが突然そんなことを言い出した。耳を澄ましてみるが、なにも聞こえない。

山下さんが後ろを確認しようと振り返ろうとしたとき、ワッと声をあげてしまった。

壁に人の顔が張り付いている。

いや、正確には人の顔に見えるシミだった。

しかし3つの点が顔に見えるというシミュラクラ現象というレベルではなく、本当に瞳を閉じて眠っているかのようなリアルな表情をしている。

「これマジなやつじゃね?」

友人が言ったこの一言にみんな怖くなり、ワーッと帰宅したという。

その晩、寝ていると、パリーーーンとなにかが割れるような大きな音で飛び起きた。

見に行ってみると、母が洗面所の前の廊下に立ち尽くしている。覗き込むと洗面台の電球の破片が床一面に散乱している。

「今日あなた、へんなとこに行ってきてない？」

思いもよらぬ言葉に一瞬ドキッとしたが、今日のできごとを素直に母に打ち明けた。

「今あなたにはね、女の人の霊とね、小さい女の子の霊が憑いてきてるのよ。痛いよ、苦しいよって、少し霊感があるあなたに助けを求めてきたんだろうね。だから、もうそういう場所には絶対に行かないようにしなさい」

翌朝、母親が僧侶として務めるお寺で山下さんはお祓《はら》いを受け、その後はなにごともなく平穏に暮らしているそうだ。


筆者が訪れた当時は、既に旧旧トンネルは固く封鎖されており入ることができなかった。

この地に彷徨っていた霊は今も閉ざされた暗闇の中で蠢いているのだろうか？

それとも……。

東京都

道了堂跡《どうりょうどうあと》

右上／これは延命地蔵というものらしい。
左上／絹の道から石段を上がり道了堂跡へ向かう道中。
左下／築礎碑。道了堂建設の経緯が記載されているという。

悲惨な過去があった、という噂が囁かれている心霊スポットは数多くある。

惨《むご》たらしい殺人事件があった、一家心中で家族が悲劇的な最期を迎えた、経営難に陥《おちい》ったオーナーが自ら命を絶ったなど。内容は様々だが、そのほとんどが実際には事件すら存在していない、根も葉もない嘘である。

しかし、なかには「事実」も存在する。

今から紹介するのは、実際に強盗による殺人事件があった現場である。懸命に生きようとした被害者は、必死の抵抗も虚しく犯人に殺害されてしまった。さらにそのしばらく後、まったく別の人間が別の殺人事件を起こし、女子大学院生の遺体をこの場所の近くに埋めたという。

しかも犯人は静岡県の海岸で、妻と幼い我が子ふたりとともに一家心中している。

短い期間に2件もの凄惨な事件に関わっているその場所は〝道了堂跡〟と呼ばれ、現在は東京都屈指の心霊スポットとして恐れられている。


これまでに様々なメディアに取り上げられてきたこの場所。その歴史は古く、1874年に八王子から横浜に生糸を運ぶために使われていた道「絹《きぬ》の道」の安全祈願と中間地点的な役割として〝道了堂（永泉寺別院曹洞宗大塚山大学寺）〟が建てられたのが始まりだという。

製糸が盛んだった当時は絹の道を行き交う人の数も多く、休憩処や茶店が立ち並び、沢山の参拝者で道了堂も大きく賑わっていた。

しかし、それも長くは続かず、横浜鉄道（現ＪＲ横浜線）が開通したことで鉄道による運搬が主流となっていき、絹の道と道了堂は次第に衰退していくことになったという。

それでも道了堂はひとりの堂守によって、大切に守られてきたのだが……。

１９６３年に道了堂廃止の決定打となるできごとが起こってしまう。道了堂の堂守をしていた老女が、何者かに襲われ刺殺されてしまったのだ。

当初、犯人は堂守の老女を疎んでいる近隣住民の仕業かと思われていたが、調査を進めていくうちに県外から来ていた日雇い労働者が金銭欲しさから強盗殺人に及んだことが判明する。

その後、建物を管理する者はいなくなり、お堂は荒れ果て、不審火が相次いだという。このことを懸念した八王子市はお堂を完全に取り壊し、１９９０年に大塚山公園として整備するに至った。現在は道了堂の礎石のみが残存している。

公園として整備される前、老女が殺害される事件からちょうど10年後の１９７３年。

某大学の助教授が不倫関係のトラブルから、不倫相手である教え子の女子大学院生の首を絞め殺し、道了堂付近の空き地に死体を遺棄するという事件が起こっている。

女子大学院生から妊娠を告白されたこと、妻から不倫関係の清算を求められていたことが原因だったと言われている。

事件の発覚を恐れた助教授は、妻と幼い娘ふたりとともに静岡県の海岸から身を投げた。

翌日、遺書と4人の遺体が発見されている。

女子大学院生の遺体は助教授の死後も依然として見つかっていなかったが、警察の懸命な捜索の結果、失踪後200日以上経過してから、身体を折りたたまれて何重にも縛られ、半ばミイラ化した状態で見つかったという。

この2つの凶悪な事件が閑静な地域で、しかも短い期間に起きたことから、道了堂跡と絹の道を中心に様々な心霊譚が囁かれるようになったのである。

その代表的なものを紹介しよう。

・後ろ歩きをする老婆の霊が出没する、老婆のすすり泣く声が聞こえてくる、写真を撮ると老婆の顔が写り込む。
・女子大学院生らしき若い女性の霊が出没する。
・首なし地蔵に触れると祟られる。
・お地蔵様をふざけて破壊した人が、祟りのせいで事故死した。その人の愛車が白かったことから、白い車でこの場所を訪れると祟られる。
・自分しかいないはずなのに足音が聞こえてくる。

――というものである。老婆や若い女性など過去の事件に関連すると思われる霊の出没が多く聞かれている。やはり被害者の無念の想いが今もこの地に留まっているのだろうか？

首なし地蔵に纏《まつ》わる噂は、某著名怪談家が実際に体験した怖い話が端を発していると思われる。DVDなどのメディアにも収録され、この場所が広く知れ渡るきっかけにもなったそうだ。


心霊系YouTuberのタクトさんがこんな体験をしている。

タクトさんは夜にふらっとドライブがてら心霊スポットに行くのが趣味だという。

その日は、八王子2トンネルという心霊スポットを探索したが、それだけでは物足らず、近くにある道了堂跡へ行くことにした。

探索の一部始終を生中継しようと、配信アプリを起動する。時刻はちょうど深夜1時、心霊のゴールデンタイムぎりぎりということもあり、絹の道からではなく脇の階段から入った。

一歩足を踏み入れた瞬間、誰かに見られているような視線を感じ、思わず鳥肌が立つ。

耳を澄ますとコソコソと囁くような声が聞こえる気がする。

しかし、カメラのマイクに音は入っていない。野生動物のものかとも思ったが、明らかに人間のものに近い。

結局30分ほど実況しながら探索したが、それ以外にはなにも起こらなかった。

車へと戻り、配信を終えるためのトークをしていると。

ゆらっ……ゆらっ……

ルームミラーに付けている数珠が左右に揺れている。それを見て車全体が揺れていることにタクトさんは気が付いた。

えっ、なんで？

今の状況を必死にリスナーに説明するのだが、悪ふざけを言っていると思っているのか、まったくもって信じてくれない。

「本当に揺れてるんだって！」

「画面越しじゃわからんなぁ」

「ほんとやったら怖すぎ」

そんなやりとりをしているうちに、背後から「にゃーにゃー」と猫の鳴き声が聞こえてきた。外を見ても、車内を見回しても猫の姿は見当たらない。

車の揺れはいつの間にか収まっていた。

「今度は車内から猫の声がすごい聞こえるんだけど、みんなにも聞こえるよな？」

「なんも聞こえないー」

リスナーに全然信じてもらえない切なさを感じつつ、配信を終えようと、最後にいつもお決まりの台詞《せりふ》を言おうとした、そのとき。

「ねぇねぇ」

猫の鳴き声だと思っていたのだが、はっきりと女性の声で「ねぇねぇ」と呼ばれた。

「――ねぇ、ねぇねぇねぇねぇねぇ」

配信をつけたまま、咄嗟《とっさ》に車を急発進させた。道了堂跡から離れるにつれ、次第に声は聞こえなくなっていく。しかし、さっきの声が頭にこびりついて離れなかった。

ふとしたときに耳元で囁かれそうな、そんな不安がよぎる。

自宅に戻ると、近所のコンビニで買った清酒で即席の清め風呂に浸《つ》かり、湯上がりに残った酒で晩酌して事なきを得た。

しばらくしてから、また道了堂跡で配信をすることがあった。

そのとき、流行《はや》っていたのがAIマンガエフェクトだった。このエフェクトはカメラで写した風景を瞬時にアニメ風の静止画にしてくれるというものだ。

タクトさんも、試してみようと道了堂跡の風景を撮影する。すると、その場の風景がアニメチックな絵で表現されていく。すごいなぁーと感心していると……。

見覚えのないものも写しだされていた。

それは、誰もいないはずの場所に佇《たたず》む、白髪頭の女性、しかも着物らしきものを着ている。

背筋にスッと冷たいものを感じた。そういえば、この場所で殺されたのは老婆だったよな。

AIの誤認識でたまにこういうこともあるんだろう。

そう思い、もう一度別アングルで撮影してみた。

今度は少し離れた場所で、老婆が振り返っている様子が写った。

まるで「こっちへついてこい」と言っているように感じたという。

そのまま導かれるように撮影をしていると、見慣れない場所にまで来てしまった。少し開けた場所で、柵に囲まれた中央には墓石が立ち並んでいる、初めて見つけた場所だった。

柵の外から墓石の風景をアニメ化するべく撮影してみると、○○家と刻まれた墓石の上に座るような恰好をした老婆が写しだされた。

「た・す・け・て」

同時に起動していた、お化け探知アプリからの音声だった。

あとから知ったそうだが、墓石に刻まれた名前は、無残にも命を奪われた堂守の老女のものだった。アプリから発せられた言葉は老女の悲痛な叫びなのだろうか。だとしたら半世紀以上経った今もなお、苦しみながらこの世を彷徨い続けているのかもしれない。

ちなみにタクトさんはこの後、霊能力者にお祓いしてもらったそうである。

「道了堂跡はほんとに好きで、少なく見積もっても10回は行ってるかと。お祓いしてからは、守られてるような、穏やかな気持ちになれる場所になったんですよ。悩みがあるときはついつい行っちゃいます」

タクトさんはそう嬉々として語ってくれた。

私には、彼がこの地に引き寄せられているような、そんな気がしてならない。

心霊マニアのあさばきよひこさんからはこんな話を聞かせていただいた。

およそ40年前、大学の友人3人を誘い、初めて心霊スポット探索へ赴いた。

目的地は当時そこまで有名ではなかった道了堂跡。今のようにインターネットもなく、どんないわくがあるのか、その詳しい内容は知らなかったという。

時刻は深夜1時、道了堂跡へ向かうべく絹の道を歩くことにした。

歩いて5分ほどすると、突如「ぎゃーーーーー」という叫び声が森中に響いた。

友人の雅美さんが森に指を差し、肩を震わせ俯《うつむ》いている。

なにかを見たのか、それとも聞いたのか？　彼女の目は恐怖で見開かれている。

その普通ではない様子に、なにがあったのか尋ねると。

鬱蒼とした雑木林、そこから苦しげな唸《うな》り声が聞こえてきたと言い出した。

「いやいや、そんなわけないだろ。俺らしかいな……」

あさばさん含め、男3人がそう言いかけたとき。

「ううっ、うううっ」

しわがれた老婆のような声だった。なにもない真っ暗な林の方から聞こえてくる。

驚きで声も出せずにいた。

そのとき台風のような猛烈な突風が4人を襲った。しかし、不思議なことに周囲の木々はまったく揺れていない。まるで、この場所から立ち去ることを警告するかのように感じたという。

あさばさんと雅美さんは、怖気づき引き返すことを提案したのだが……。

「お前が誘ってきたんだろ！　さっさと行くぞ！」

友人の米田さんはそう言い、どんどん道了堂跡に向かって歩いていこうとする。

「でも、さっきの声聞こえただろ、これ以上行くんはヤバいって」

「もちろん聞こえたよ、でもこの先が気になるやろ！」

米田さんはそう即答し、あさばさんと雅美さんの腕を強引に掴んで進んでいった。

さらに10分ほど歩くと道了堂跡らしき場所に到着。そこには10段に満たない階段がある。その階段を先頭切って歩いていた、もうひとりの友人が急に振り返り叫んだ。

「おいっ、首なしの地蔵あるぞ！」

おそるおそる4人が地蔵に近付いていくと、今度は米田さんがボソッと呟いた。

「あれ、なんだ？」

ガタガタ震えながら首なし地蔵を指差している。

「首なし地蔵の後ろに、お婆さんが立ってる……」

地蔵の後ろにはお婆さんの姿はなかった。誰もいないじゃないか、そう言おうと、ライトを米田さんに向けた瞬間。3人は唖然となり、一瞬言葉を失ったという。

米田さんの左肩に、青白い老婆の顔がヌウっと現れたのだ。

それから、パニックになりながらも猛ダッシュで車まで戻ったという。

そのまま帰るのは、さすがに怖いと言うので、あさばさんの下宿先で一夜を明かすことになった。すると、朝方になって米田さんが急に肩の痛みを訴えだした。肩の一部分が真っ赤な痣《あざ》となり、腫れあがっている。ちょうど老婆の生首が乗っていた辺りだった。

病院では、肩が異常に炎症していると診断されたそうだ。米田さんの痣は1ヶ月以上も、そのままで残っていたという。


筆者が実際に道了堂跡へ訪れたときには、噂の首なし地蔵は既になくなっていた。しかし、それと疑わしい地蔵はあった。

立ち姿勢のお地蔵様で、明らかに首と胴体の色が全然違う。それに、後付けされた形跡があった。もしかして、首なし地蔵が修復されてしまったのかも？　と思ったが……。

噂の元になったであろう著名怪談家の話を聞き直してみると、首なしの地蔵は胡坐《あぐら》をかいて座っているタイプのお地蔵様だということが分かった。しかも、つぎはぎのお地蔵様の横には、地蔵の首をもぐ悪質ないたずらに迷惑している、という旨の看板が立てられていた。

ここを訪れた者が噂の首なし地蔵を再現するべく、首をもぎ取っているのだろうか？

残酷な事件に、マナーの悪い訪問者、よっぽど恐ろしいのは自己中心的な人間だとつくづく実感できる心霊スポットであった。

山形県

滝不動《たきふどう》

上／滝の手前にあるお堂。中に蝋燭立てや賽銭箱が置かれ、関係者と思しき人々の集合写真が飾られていた。
中／滝不動の入口の鳥居。この鳥居に赤子の首を誤って切り落とした母親が首を括ったと言われている。
下／末広滝に安置されている不動明王像。以前はこの傍に呪われし刀剣があったそうだが……？

山形県の南東に位置する上山市《かみのやま》、古くは羽州《うしゅう》街道の宿場町として栄え、560年以上もの歴史を持つ、かみのやま温泉群を擁している。

毎年2月11日には、藁蓑《わらみの》をまとった「加勢鳥《かせどり》」という妖怪に扮《ふん》した人々が町中を踊り歩きながら、住民から冷水を浴びせられるという、江戸時代から伝わる奇習が有名である。

そんな地に、山形県内最恐とも称される心霊スポットがある。

その場所を知る人々が「あそこだけは本当にヤバい」そう口を揃える心霊スポット。

それが「滝不動」である。

正式名称は「滝不動明王《みょうおう》」といい、大平山《おおひらやま》と経塚山《きょうづかやま》の麓を流れる最上川《もがみがわ》水系荒町川《あらまちがわ》の上流に位置する末広滝《すえひろだき》と、その周囲のお堂をまとめて滝不動明王と呼んでいる。

不動や末広の名前の通り、末広がりの分岐瀑に不動明王の像が安置されており、れっきとした信仰の場なのだが……。

付近には山元隧道という、こちらもまた有名な心霊スポットと、上山市経塚斎場(火葬場)があり、心霊的なロケーションとしては最高である。

さらにこの場所は、元々処刑場の跡地だったと噂されている。罪人の首を切り落とし、傍の滝壺で刀の血を洗い流していたという話だ。そのため、この場所には首に纏《まつ》わる怪異が多く聞かれるのだという。

具体的にどのような噂が、この地に囁かれているのかというと……。

・滝壺に供えられている刀剣に、触れたり持って帰ったりすると死ぬ。
・地蔵堂に首から上のない母子の霊が出没する。赤ん坊の泣き声が聞こえてくる。
・白い車で訪れると車にびっしりと小さな手形がつく。
・老婆の霊が出没するとされ、老婆の忠告に従わないと事故に遭う。
・霊感が強い人は近くを通るだけでも悪寒を訴え、体調不良を起こす。
・首吊り自殺や様々な事件事故が多発しており、それを防ぐために不動明王が安置された。
・戦国時代に合戦場となり、多くの血が流れた。

――と、噂は多岐にわたって囁かれている。

滝壺の刀剣は、処刑された人々を供養するための刀とも、不動明王の刀とも言われており、この心霊スポットを一番特徴付けるものである。この刀剣に纏わる話は様々なバリエーションを持って語られている。

例えば、こんな話がある。この場所に肝試しを目的として遊びにきた若者がいた。若者はつい調子に乗ってしまい、滝壺に置かれた刀剣を持って帰ってしまったという。その帰り道、バイク事故を起こしてしまう。若者の首は無残にも折れ曲がり即死状態だった。そして、持っていたはずの刀剣は、事故現場のどこを探しても見つからなかったという。

こんな話も伝わっている。

時代はいつか分からないが、小さな子どもふたりが滝不動の刀剣を使い遊んでいたのだという。しかし、日が暮れて暗くなってきても子どもたちが帰ってくる気配がない。心配した村人たちが周囲を捜索したところ、滝壺の近くに倒れているふたりを見つけた。辺りは真っ赤な血に染まっており、その身体には首から上がなかったという。

筆者が山形県内の別スポットを調査していたときに、肝試しに来ていた地元民の高倉さんから、滝不動の刀剣に纏わる話をいくつも聞かせていただいたので紹介しよう。


高倉さんの友人の母親が体験したという話。

今からおよそ30年前、当時付き合っていた彼氏と友人たちの複数人で滝不動へ肝試しに行った。怖いもの知らずの彼氏は滝壺に刺さっていた刀剣を抜き、振り回していたという。周りの友人たちも、ふざけ半分で「呪われるぞー（笑）」なんて茶化していたのだが……。

その日以降、彼氏が徐々におかしくなっていったという。常になにかに怯えていて、引きこもりがちになった。会おうとしてもなかなか会ってくれず、無理やり会いに行ってみると、「落ち武者が見える」そんなことを言い出す始末。

そして、まもなくして自室で首を吊った状態で発見されたという。

高倉さんはこんな話もしてくれた。

これは知人から聞いたそうなのだが、その知人の友達が滝不動へ行き、遊び半分で滝壺の刀剣を持ち上げていたという。その時はなにごともなかったのだが……。

次の日、外仕事で足場を組んでいると、鉄骨が落下してきて友達は下敷きになり圧《お》し潰されてしまった。幸い命には別状はなかったのだが、現在も植物状態で入院しているということである。

高倉さんからいただいたこの2つの話は、どちらかというと噂話寄りの怪談になるが、実際に多種多様な話が囁かれていること、それだけ人々がこの場所に畏怖《いふ》の念を抱いていることが感じ取れる話である。

地蔵堂に現れるという母子の霊にはこんな話が伝わっている。

これもいつの時代か分からないが昔のこと、滝不動の近くで幼い赤ん坊をおぶって、草刈りをしていた母親がいたそうである。母親は仕事に熱中するあまり、持っていた鎌で誤って赤ん坊の首を切り落としてしまった。後悔と悲しみで絶望した母親は、頭のなくなった赤ん坊をおぶさりながら、滝不動の石鳥居に縄をかけ、首を吊って亡くなってしまったという。

母子を不憫《ふびん》に思った村人たちは滝不動の近くにお地蔵様を建立《こんりゅう》し、手厚く弔《とむら》った。だが、なぜかそのお地蔵様の首が度々なくなってしまうのだという。それから、このお地蔵様は首なし地蔵と呼ばれるようになり、触れるだけでも祟るという話である。

その他にも、1990年代ごろに活躍していた某著名霊能力者が滝不動を訪れ、「私の手には負えません」と言って逃げ帰ったという逸話もある。

その後、まもなくしてその霊能力者が亡くなったことから、滝不動の祟りで亡くなったのではないか、そう囁かれている。

だがこの噂については、島根県の「かもめ荘」や長野県の「乙事トンネル」などにも同様の話が囁かれており、当人の死因も病気であるため、関連性はないだろうという意見も多い。


地元民の高倉さん本人が実際に体験した話を紹介しよう。

その日、高倉さんは友人ふたりと夕食を食べにきていた。昨日ナンパした女の子と滝不動に肝試しに行った、という話をふたりから聞かされる。友人の大島さんは女の子にかっこいいところを見せたかったのか「こんなとこ、なんも怖くないし」と豪語していたという。

女の前で調子に乗りやがって、という気持ちが沸々と湧いてきた高倉さんは、いたずら心でこんな提案をしてみた。

「そんなに怖くないなら、もっかい滝不動、行ってみようぜ!」

「えっ、でも……」

歯切れの悪い返事をする大島さんを半ば強引に車に押し込み、滝不動へと向かった。

現地に到着すると、早速スマホのライトで足元を照らしながら、慎重に石の鳥居をくぐり抜け階段を降りていく。

プルルルル、プルルルルル……

急に鳴り響く音に一瞬ビクッと身構える。スマホの着信音だった。

「おい、誰か電話鳴ってるぞ、はやく出ろよ」

滝の流れる音に紛《まぎ》れ、着信音が延々と響いている。誰も出る気配がない。

振り返ると、手にスマホを握った大島さんが硬直している。

暗闇でも分かるほど真っ青な顔をしていた。

「おい、どうした?」

「非通知から電話掛かってきた……」

大島さんは震える声で答えた。

いくら通話拒否しても何度も何度も掛かってくるのだという。「なら、1回でもいいから出てみろ」と促してみたが、怖がって出ようとしない。

仕方なく滝不動を後にしようと、石鳥居から一歩外に出た瞬間。不思議なことに着信はパタリと鳴りやんだ。

しつこいくらいに鳴り続けていたそのスマホは、着いたときからずっと圏外だったという。

筆者自身が訪れたのは2015年の夏だった。明け方ごろに川沿いの細い山道を通ったことを覚えている。滝不動はずっと行きたかった念願の場所で、特にお供えされている刀剣を目にしてみたいと思っていた。

木々に囲まれた石鳥居をくぐり抜け、階段を下っていると、途中にこぢんまりとした地蔵堂がありお地蔵様が安置されている。これが首なし地蔵と言われているのだが、しっかりと首があり、普通のお地蔵様となんら変わりなかった。

もう少し下ると右手側に6畳ほどだろうか、建物の痕跡が残る空き地があった。ここまで来ると滝の流れる音が徐々に聞こえてくる。そして、錆びて赤茶けた橋が見えてくる。橋を渡った先にはお堂が静かに佇《たたず》み、その裏手には滝が流れていた。

お堂を覗き込むと賽銭箱や蝋燭《ろうそく》立て、壁には滝の前で撮られた古ぼけた集合写真が飾られている。写っているのはこの場所の関係者だろうか、少し不気味な様相を呈している。

そして、大本命の末広滝へと歩を進めた。落差は10～15メートル、幅は7メートルあるそうだが、水量が多くないうえに、階段状になった分岐瀑《ぶんきばく》だからか、そこまで高く感じない。滝壺と滝の中段辺りに不動明王の石像がこちらを睨みつけるように安置されている。

そして私は、高鳴る心臓を抑えながら滝を見渡した。幼少のころから見てみたかった呪われし刀剣がもうそこにある！　そう思ったのだ。

だが、現実は甘くなかった。周囲をくまなく探してみたがどこにもない。

川が増水して流されてしまったのか、不届き者によって持ち去られてしまったのか。
私はひどく落胆してこの場所を後にした。

ちなみに古い文献を漁ってみると、江戸時代後期から明治初頭にかけて一帯を治めていた上山藩主の松平《まつだいら》信行《のぶゆき》公が、この滝で遊んだ際に「末廣瀧」と命名したそうである。そして1891年にこの滝の不動尊を信仰する人が愛宕山権現《あたごやまごんげん》の廃堂を譲り受け、それを用い不動堂を建立したとのことであった。

同県内に出羽三山《でわさんざん》や蔵王山《ざおうざん》という修験道の聖地があり、付近の経塚山という地名からも、古くから修験道の滝行が行われていた修行の場だとも推測できる。そう考えると、処刑場跡というのはまったくのデマという可能性も考えられる。

前著『怪談怨霊館』のコラムに、今では滝不動は入れないよう封鎖されてしまい残念だ、という内容を書いた。しかし現況はもっと悲惨なことになっていた。高倉さんの情報によると封鎖どころか、境内に重機が入り、お堂も石像もすべて完全に撤去されたとのことである。いくら心霊スポットと噂されていたとはいえ、信仰の地がここまで徹底的に潰されることが今まであっただろうか。

もしも、この地が本当に怨念渦巻く場所だとするならば、邪悪なものを降伏させる不動明王がいなくなったいま、より凶悪な心霊スポットへと変貌しているのかもしれない。

大阪府

滝畑ダム周辺《たきはただむしゅうへん》

左上／梨の木隧道。道中もトンネル内も街灯ひとつなく、辺りは真っ暗闇が支配している。
右上／滝畑第二隧道。このトンネルには心霊の噂はないようだが、それでも少し不気味な空気が漂っている。
右下／夕月橋。実際に多数の人が亡くなった車の転落事故が起こっている場所である。

大阪府の南東に位置している河内長野市《かわちながの》は、奈良県と和歌山県に直で隣接し、大阪中心街からわずか50分でアクセスできる好立地でありながら、その壮大な自然環境や豊富な歴史遺産から府民の憩いの場となっている場所である。

民間伝承や妖怪に纏わる伝説も数多く残されており、最近では鬼住村《おにずみむら》という地に残された鬼伝説を元にした青春恋愛映画が制作されているほどだ。

そして、大阪府屈指の心霊スポット〝滝畑ダム〟と、それを囲むように数々の超有名スポットが点在している心霊密集地帯としてもマニアには知られている。

大阪府公式ページによると滝畑ダムは1973年に着工し、1982年3月に竣工した曲線重力式コンクリートダムである。

大和川《やまとがわ》水系石川の上流に位置するこのダムは、堤高62メートル、貯水量934万立方メートル、堪水面積52・3ヘクタールと、どれをとっても大阪府最大規模を誇っている。洪水の予防、農業用水や生活用水の確保などで府民の生活にはなくてはならない存在である。

ダムには遊歩道が整備されており、豊かな自然環境から四季折々の風景を見ることができる一大行楽地としての側面も持っている。

関西サイクルスポーツセンター、滝畑四十八滝、磨崖仏《まがいぶつ》、歴史ある寺社、野鳥観察。暑い季節にはバーベキューやキャンプ、近隣で川遊びも楽しめるという、アウトドアにうってつけの場所なのだ。

こういった明るい部分がある一方、影となる部分も存在しているのは事実である。

実は、周囲には河内長野市営斎場や墓地、謎の地蔵群があったりする。そして、山城跡も複数点在しているうえに、いわばダム湖自体が流れの少ない巨大な水溜りとなっており、淀んだ水辺は霊が多く集まりやすいとも言われているように、そこらじゅうで数えきれないほどの心霊現象が報告されているのである。

そのなかでも特に際立っているのが〝滝畑第三トンネル〟に纏わる噂だろう。滝畑第三トンネルには、首なしの幽霊や少女の霊の噂が囁かれている。

だが、その実は、まずどこにあるか分かっていない「杉沢村」のような都市伝説の場所なのである。

滝畑第一隧道、滝畑第二隧道は関西サイクルスポーツセンター方面から、滝畑ダムへ向かう道中に二連トンネルとして存在しているのだが、肝心の第三トンネルは見当たらないのだ。

一説には、第一第二から600メートルほど離れている大阪府道61号堺かつらぎ線に存在する塩降隧道《しおふりずいどう》のことと言われていたり、こちらは3キロほど離れているが林道本谷横谷線に存在する梨の木隧道のことと言われていたりする。

さらには、そのどちらもが偽物で本当の滝畑第三トンネルは山のもっと深い部分にあるのだ、と主張する人までおり、真相は闇の中である。

この心霊スポットは主に4つのエリアに大別できる。それが滝畑ダム、塩降《しおふり》隧道、梨《なし》の木《き》隧道、夕月橋《ゆうつきはし》である。

滝畑ダム

ダム湖の底には滝畑村という80戸余りの住宅が沈んでいるという。着工当時、先祖代々受け継いできた故郷を守るため、村民の多くがダム建設の中止を訴えた。しかし、その想いは聞き入れられず、立ち退きを余儀なくされたという哀しい過去を持っている。

この場所で主に語られているのは。

・ダム工事で亡くなった作業員の霊が出没する。
・老婆の霊が出没する。
・自殺者の霊が出没し、霊感が強い人はその霊に引っ張られる。
・湖面を歩く僧侶の霊が出没する。
・ダム周辺の道路に首なしライダーが出没する。

——という噂である。

この数々の心霊現象に関係しているのかは分からないが、滝畑ダム周辺では死亡事故が多発している。

1991年8月に家族5人が乗ったワゴン車が単独事故を起こしひとり死亡、1ヶ月後の9月に軽ワゴン車が飛び出してきた乗用車と正面衝突しひとり死亡、2ヶ月連続で死亡事故が起こっていることを過去の新聞記事から確認できている。さらには、滝畑の地には平家《へいけ》の落人《おちうど》伝説が残っていて、ダムから少し山中に入ったところにある権現滝で落人が多数討ち取られたという話がある。近くには何かを祀《まつ》っている形跡があり、祟るとも言われているそうだ。

志半ばで命を絶たれた無念の想いが今もなお残留しており、この地になんらかの影響を及ぼしているのだろうか？

塩降隧道

1932年竣工。延長158メートル。

府道61号線の和泉《いずみ》市と河内長野市の市境に設置されたトンネル。この府道は、車での通行が困難なほど酷く荒れ果てたいわゆる酷道のマニアからは「腐道61号線」と揶揄《やゆ》されるほど道路状態が悪い。車幅が狭いため、すれ違いが困難。一部未舗装の道路もあり、トンネルに着く前から怖い雰囲気を盛り上げてくれると同時に、別の意味でもハラハラさせてくれる。

トンネルも腐道も双方に怪奇現象が囁かれており……。

・首なしライダーが出没し、追いかけてくる。
・女性もしくは少女の霊が出没する。
・車のガラスにびっしりと赤い手形がつく。
・心霊写真がよく撮れる。
・トンネルを通り過ぎた道にお地蔵様があり、そこに女性の死体が埋められていた。

——という噂がある。

それこそ、こんな狭い道で首なしライダーに追いかけられでもしたら、事故は避けられないだろう。このトンネル、長さ自体はさほどだが、出口まで見通すことができない。和泉市側の入口付近がカーブを描いているからである。この魔のカーブが先の見えない不安感を煽《あお》るとともに、速度を出して走行すると正面衝突の可能性すらもある非常に危険な道路なのだ。

梨の木隧道

1982年3月竣工。延長114メートル、幅4メートル、高さ3・8メートル。

塩降隧道よりも恐ろしいと言われることも多い林道上にあるトンネル。造られた年代はこちらの方が半世紀新しいが、塩降隧道には監視カメラとLED照明（近年新設された）が付いているにもかかわらず、梨の木隧道には照明すらもついていない。そのため夜は真っ暗闇である。

内部は地面と側面をびっしりと落書きが覆い、悪質な訪問者の多さを物語っている。

語られる噂としては……。

・交通事故や自殺で亡くなった人の霊が出没する。
・トンネル内で停車し、クラクションを鳴らすと少女の霊が現れる。そして、車に赤い手形をつけられる。
・通るだけでも体調不良を起こす。
・顔半分が焼け爛《ただ》れた霊が出没する。

——というものである。

入口から向こう側が見通せるほどの短いトンネルのため、明るい時間帯ならば恐怖度は皆無。しかし、夜になると、いかにも幽霊が出そうな場所へと豹変する。

あえて詳しくは書かないが、2011年12月14日の日本経済新聞の記事によれば、堺市に住む主婦の遺体が滝畑ダム南東の山中から発見されたという記載がある。

遺体発見場所は別の記事によると、ダム東の林道から400メートルとあり、そのことから梨の木隧道付近の可能性が高い。身元を分かりづらくするためか、遺体は遺棄される前にドラム缶の中で焼かれたという。

1997年10月31日付けの朝日新聞によると、切断された男女の遺体が滝畑ダムの北東約3キロの場所で発見されている。また、2005年9月27日付けの朝日新聞でも男女3人が殺害された某殺人事件の遺体が滝畑ダム付近で見つかった、との記事が掲載されていた。

夕月橋

1979年3月竣工。2016年5月29日の日本経済新聞の記事によれば、バーベキュー帰りの男性6人が乗ったワンボックスカーが滝畑ダムへと転落。5人が死亡し、運転していたひとりは重体との記載がされている。

また別記事によると運転手が転落を避けようとした形跡はなく、飲酒状態や持病でもないにもかかわらず、突然意識が朦朧《もうろう》とし、誘われるようにダムへと突っ込んだようだ。

その場所が夕月橋の西端から約50メートルの場所である。

この橋に伝わっている心霊現象はというと。

・橋からの飛び降り自殺が多発している。
・血の涙を流している少女の霊が出没する。
・ターボばあちゃん、肘掛けババァ、四つん這いババァが出没する。

——といったものがある。

ババァ系の現代妖怪の出没が噂されており、通る車を追いかけまわしては、事故を誘発させているそうである。その速度は時速100キロを超えるという説も。肘掛けババァは千切《ちぎ》れた上半身だけで言い迫るイメージで知られる妖怪・テケテケのお婆さんバージョンをイメージすると分かりやすいだろう。

このような噂を調べていくなかで滝畑の歴史を紐解いていくと、数々の妖怪伝承が残っていることに気が付いた。

河内長野市教育委員会が1989年に発行した『河内滝畑の民話』という口頭伝承を調査した書籍によれば、グヒンサン（天狗）、ガタロウ（河童）、火の玉、ダリ（ヒダルガミ）、コロ（ツチノコ）、龍、大蛇、化け猫、妖狐、白狸、大蜘蛛がこの地には頻出していたという。

光滝道（ダム南部のキャンプ場付近）に赤ん坊の泣き声が聞こえてくる淵があり、助けようと近付くと淵の主に食い殺されるという。実際に近くを通りかかった僧が犠牲になっているとも言われ、その主の正体がガタロウなのだそうだ。

大滝（滝畑四十八滝）の近くで昼寝をしていると、足に蜘蛛の糸が巻き付いてきて、滝壺に引きずり込もうとしてくる。機転を利かして、傍の大きな切り株に糸を巻き付けると、切り株がまるごと滝壺に引きずり込まれた。滝の主は大蜘蛛だったという。

三谷《みたに》保桑能《ほそのう》という平家の落人の子孫が大蛇を退治し、その蛇の頭が光滝寺に置いてあったという伝説。彼は天狗、白狸、化け猫などとも遭遇している。

梨の木隧道付近には丸い石が3つほど並んだ女塚《おんなづか》という場所があり、戦国時代に落ちのびたお姫様一行が自害した場所とされ、酷く祟るという。

心霊スポットと囁かれる遥か昔から、このような怪奇的な伝説が数多く残っているのは、実際にこの地に魑魅魍魎《ちみもうりょう》が跋扈《ばっこ》しているという、なによりの証拠なのかもしれない。


これは優宇《ゆう》さんという方から聞かせていただいた。

2年前の夏の深夜、男ふたりに女3人で滝畑ダムへ肝試しに向かった。友人たちと騒ぎあっているうちに目的地へと到着。車から降り、ダムの周辺を散策しながら、夕月橋を渡る。橋から車が転落して沢山の人が亡くなったという噂は知っていた。

お化けが出るかもと、期待を膨らませるが、そうそうなにか起こるものではない。しかし、なにも出なくとも動物の鳴き声ひとつで、ワイワイキャッキャと楽しめたという。

「この先、右方向です」

帰り道を走っているときのことだった。カーナビが案内を始めた。

「えっ、次どこ行く予定やっけ?」

「とりあえず、運転疲れたしおひらきでええやろ、ナビ切っといてー」

運転手とそんなやりとりをし、案内終了をする。

「この先、右方向です」

「間違えたらあかんし、切っといてって言ったやん」

たしかにさっき、案内終了を押したはずだった。しかし、ナビは案内を続けている。

あれっ、さっき切ったはずなんやけど。そう呟きながらカーソルを目的地へと辿っていく。

滝畑ダムへと案内していた。

路肩へと車を停め「機械音痴やな、貸してみろ」とばかりにナビをいじる運転手。

「ほな、またダム行っちゃう?」

そんな冗談を言っていた運転手の顔色がみるみると青ざめていった。

「なんで? なんか、ナビ消えへんねんけど……」

半ばパニックになりながら、無造作にボタンを押しまくっている。何度、案内終了を押しても、エンジンを掛け直してもナビが消えない。

車好きで整備士の資格を持っている彼も、こんなことは初めてだという。

「この先、右方向です この先、右方向です この先、右方向です」

カーナビの無機質な音声が延々と車内に響き渡る。

ある程度、山を下ったところで、ようやくナビは正常に戻ったそうである。

あのとき、導かれるがままダムへ行っていたら、一体どうなっていたのだろうか?

滋賀県

三雲トンネル《みくもとんねる》

左／この公衆電話に女性の霊が出るのだとか……。一時期、公衆電話に車が突っ込んだのかぐちゃぐちゃになっていたことがあったらしい。
右／トンネル内に歩行できるスペースがないため車内から撮影した写真。このときは相方に運転してもらい、私が撮影しているため安全である。

滋賀県南部に位置し、江戸時代は東海道五十三次の宿場町、石部《いしべ》宿として賑わっていた湖南《こなん》市に「三雲トンネル」という一見すると普通のトンネルにしか見えない心霊スポットが存在している。その周辺地域のみで噂されているマイナースポットじゃないの？　と思われるかもしれないが、全国ネットのオカルト番組にも紹介されたこともある有名スポットである。

滋賀県道4号草津伊賀《くさついが》線上を、湖南市から忍びの里で有名な甲賀《こうか》市へと車を走らせていると、左手に待避所と公衆電話がポツンと立っている。その先の山間にぽっかりと口を開けている三雲トンネルが現れる。

1990年竣工。延長900メートル、幅9メートル、高さ4・5メートル。交通の要衝となっており、深夜でもトラックなど行き交う車は多い。

この場所には次のような噂がまことしやかに囁かれている。

・夜中に車で走っていると、ターボばあちゃんがニヤッと笑いながら追い抜かしてくる。
・過去にトンネル手前の公衆電話に車が突っ込む事故があり、その事故で亡くなった黒髪の女性の霊が出没する。
・トンネル手前の公衆電話で写真撮影をすると、不自然な場所に手が写り込む。
・通るだけで気分が悪くなる。

――などである。

死亡事故の有無は不明だが、トンネル付近での交通事故は稀に起こっており、それが心霊スポットと噂されている要因になっているようだ。また交通事故とは別だが、2023年の4月1日に湖南《こなん》市三雲の山中から上半身が白骨化した遺体が見つかっているという報道を翌日付けの読売新聞の記事で確認している。

トンネルのすぐ真横の園養《おんよう》山麓には「園養山古墳群」という遺跡がある。190基の古墳が確認されており、滋賀県内でも最大級の古墳群である。トンネル掘削の際には、古墳群の保存も考慮した計画で工事され、脆弱《ぜいじゃく》な地質だったため工事は難航したという。

そのことも交通事故や心霊現象になにか関係があるのかもしれない。

京都で学生をしているというゆうたさんに聞かせていただいたお話。

中学時代、放課後に教室で友人たちと怖い話をするのが流行っていた。そんなとき、通りかかった理科の先生からこんな話を聞いたそうだ。

まだ先生が大学生だったころ、湖南市のとある飲食店でアルバイトをしていたという。

ある日、先生はバイト仲間と5人で、職場から家へ帰るために車を走らせていた。わいわい雑談をしながら運転していると、三雲トンネルへと差し掛かった。

対向車線から消え入りそうなくらいぼんやりとしたヘッドライトが近付いてくる。

それは、ボロボロのタクシーだった。ついさっき事故でもしたのかというくらい外装が大きくへこみ、白いボディはところどころ茶色く錆びている。

運転できているのが不思議なくらいだった。

「うわっ！　今のヤバない？」

運転していた先生はすれ違いざまに大きな声をあげた。

「たしかにめっちゃ汚かったな、あんなん乗ったら終わりやで」

仲間たちの目も、そのタクシーのあまりのボロさに釘付けになっていたようだった。

「それもやけど、あの『助けて』ってなんなんやろな？」

先生が何気なくそう呟くと「え？　どういうこと？」と、仲間のひとりが不思議そうに尋ねてくる。

あれ、みんなは見てなかったのか、そう思ったという。

タクシーの「回送」や「空車」といった文字が書かれている表示板に「助けて」と表示されていたのである。

「は？　なんやねんそれ、書いてへんわ」

バイト仲間たちは口を揃えて〝空車〟と書かれていたと言って笑った。

間違いなく同じものを見ていたはずなのに、先生だけ意見が食い違った。

じゃあ、ドライバーはどんな人だったか。

目を凝らさないと見えないような表示板や車体の特徴は分かるのに、どんな人が運転していたか、その部分だけは記憶を切り抜かれたかのように覚えていなかったという。

一番心霊現象が起こるとされる公衆電話とのツーショット。ここでは見知らぬ手が写り込むという心霊写真が撮れるらしいが……。

島根県

かもめ荘《かもめそう》

上／そこらじゅうに落書きされ、壁はブチ破られ悲惨なことになっていた。
真ん中／地下へと続く階段。ここから空気というか、匂いが一変し、ただならぬ雰囲気が漂っていた。何かが潜んでいるのだろうか？
下／不吉な文字が書かれている。ただの落書きならいいのだが……。

神話の国とも称される出雲《いずも》――昔の地方行政区分の律令国のひとつであり、出雲の国は現在、松江《まつえ》市、出雲市、安来《やすぎ》市、雲南《うんなん》市、太田《おおだ》市などに分けられている。

そのうちの松江市は、日本の怪談文化を世界へと知らしめたことで有名な、ギリシャ出身作家の小泉八雲氏が、来日して初めて定住した地であり、出雲の地で彼が見聞きした神話や怪異伝承の数々は、後の彼の作品に大きな影響を与えたと言われている。

古くから日本中の神々が集《つど》うとされる出雲の国は、著名怪談作家を輩出したように、実は心霊現象や奇怪な噂が数多く聞かれる場所でもあった。

出雲市には、聖地のなかの聖地である出雲大社が厳《おごそ》かに建っているが、実はそこからほど近い岬に、強力な怨念が渦巻くとされる謎の廃墟「かもめ荘」が過去に存在していた（現在は取り壊されている）。

出雲大社から西へ1キロほどの場所にある稲佐《いなさ》の浜から、島根県道29号大社日御碕《たいしゃひのみさき》線（みさきうみねこ海道）へと入り、海岸線を縫うような険しい山道をしばらく走ると、観光名所の出雲日御碕灯台へ着く手前2キロほどの場所に突如として廃墟が現れる。

日本海を望むことができる絶景をバックに、明らかに不釣り合いな陰鬱《いんうつ》とした雰囲気を放つ、この廃墟こそが「かもめ荘」である。

延べ床面積約1700平方メートル、地上2階と地下1階の3階建て鉄筋コンクリート造り。

この建物は、今から約半世紀以上前に身体的な障害を持つ人々のリハビリのための保養所として開業し、その後は恵まれたロケーションから国民宿舎として人気を博していたが、徐々に客足は遠のき、経営悪化により廃業したという話が定説である。

ここからは、あくまでオカルト界隈で囁かれている根拠のない風説だが、その保養所よりもさらに時を遡《さかのぼ》ると、元は結核患者を隔離するための病棟だったとも精神病院だったとも言われている。また、この建物の地下にある部屋の一室には隠すかのように手術台が置かれており秘密裏に人体実験を行っていたとか、〝開かずの扉〟があり重篤な患者や精神病患者をその部屋に閉じ込めていたという話もある。

この地下が、信じられないほど心霊現象が多発するとされている。

他にも、その時代背景もあるのだろうか、廃墟化後は某国の工作員が潜伏しており、探索者を容赦なく拉致するという人怖的な話も囁かれていたという。

次はこの場所で起こるとされる心霊現象や噂を紹介しよう。

・女性の霊や子どもの霊が出没する。
・「死」に関連する言葉を使うと呪われる。
・帰りに事故に遭ったり、車が故障したりする。
・写真を撮ると、こちらを睨みつけるかのような女性の霊が写る。

・どこからともなく足音や話し声が聞こえてくる。
・地下に開かずの扉があり、心霊現象が一番多発している。

――というものである。

1990年代に一世風靡《ふうび》し、現代でも多くのオカルトマニアに慕われている著名霊能力者がかもめ荘を訪れたことがあるという。その際に建物を一目見た瞬間から、この地に蠢く怨念の強さ、そして霊のあまりの多さから、恐れおののき除霊を断念したという逸話がある。

そして、その事件から幾日もしないうちに病死により霊能力者はこの世を去っている。

鳥取県在住のきよしさんから提供いただいた話。

幼馴染の羽田さんと飲んでいるとき、ふとしたことから山陰の心霊スポットの話になり、かもめ荘での体験談を聞かせてもらったという。

今から15年ほど前、羽田さんは男3人に女ふたりの計5人で、深夜のかもめ荘に肝試しにきていた。

街灯なんてものは当然なく、月明かりでぼんやりと建物のシルエットが浮かび上がっている。手元のライトを向けると、散々に割られた窓の暗闇から、なにかがこちらを覗き込んでいるような、そんな異様な気配がしていた。

とりあえず中の様子を確認しよう。そう、おそるおそる入口へと歩を進める。

すると、一緒に来ていた由紀子さんがスタスタと前を歩き出した。この子度胸あるんやなぁ、と思うと同時、彼女は入口の前でゴロンと仰向けに寝転がりはじめた。

えっ、何してるの？　その光景に驚いたが、悪ふざけだろうと羽田さんは笑いながら「危ないし怖いけん、もう起きろや」と由紀子さんの顔を覗き込んだ。

由紀子さんは急に目を見開き、羽田さんの首を目掛けて掴みかかってきた。なんとか振り払おうとするが、力があまりにも強い。

男の力でもなかなか離れず、友人たち3人がかりでようやく離れたかと思うと、彼女はそのまま真っ暗闇の廃墟の中へと消えていった。

元々、中には入るつもりはなかったが、由紀子さんをこのまま放っておくわけにはいかず、廃墟内を探索することになったという。

1階、2階と順番に見回っていくが、どこにも由紀子さんは見つからない。

最後に残されたのは地下だった。

カビ臭く、湿っぽい空気が充満する階段を下りていくと、そのうちの一室に古びた手術台らしきもの、その上に由紀子さんがポツンと座っていたという。

「おい由紀子、大丈夫か！」

一同が走り寄っていくと、由紀子さんは虚空《こくう》を見つめたまま。

「わたしはサラよ」

そう答えたという。

明らかに正気を失っていた。さっさとかもめ荘から出たかった一同は、嫌がり喚《わめ》き散らす由紀子さんの手を強引に引っ張り車へと向かった。

車に戻った由紀子さんは眠るように意識を失い、目を覚ましたときには普段の彼女に戻っていた。憑依されていたであろうときの記憶はなく、その後もなにごともなかったという。


という話を、きよしさんは羽田さんから聞かされたのだそうだ。

この話を聞いてから5、6年経ったころだろうか。

きよしさんが行きつけのスナックで、この話をキャストの女の子にしていると、女の子の表情が徐々に引き攣《つ》っていったのが分かった。

「あ、ごめんごめん怖い話して、冗談ばっかいうやつだから、嘘話やと思うよ」

そう、言いかけたとき、言葉を遮るように女の子が話し出した。

「いえ、違うんです。実は私もかもめ荘に行ったことがあって、友達がそのときに『私はサラ』って言ってたのを思い出してゾッとしちゃって」

その言葉を聞いたきよしさんは鳥肌が止まらなくなったという。

そのキャストと羽田さんに繋がりはないそうである。

筆者は2015年の春にここを訪れている。山沿いの海岸線を車で走らせていると、一部ガードレールがなくなっている部分があり、そこからかもめ荘の敷地へと入っていけた。藪《やぶ》だらけの道を少し進むと、その廃墟が姿を現わす。

この当時でも、放置されて30年以上は経っていただろうか。病院だったとの噂も囁かれているが、荒れ果てており、元がなんだったのかは外観から一切推測できなかった。

玄関入口をくぐると、落書きだらけの屋内が広がっていた。窓という窓はすべて割られ、地面にはガラスが散乱しているため、歩くたびに踏みしめる音が響き渡る。天井の壁紙はところどころ剥《は》がされ、中の木枠が露出していた。

営業当時を偲《しの》ばせる残留物はなく、廃墟としての旬はとっくに過ぎ去っていた。

1階と2階には、客室と思われる畳が敷かれた部屋と大浴場があった。

屋上も見て回った後、いよいよ本命の地下へと足を踏み入れる。

地下へと続く狭い階段のイメージとは裏腹に、フロアはわりと広く、部屋も複数個あった。

木の棚が沢山おかれている倉庫らしき部屋。アルミの台や換気設備が整っている調理室だと思われる部屋もある。

そして、木製の重厚な扉が目に入った。厚さは10センチ近くあるだろうか。

実はこれが噂にもある〝開かずの扉〟なのである。

しかし、開かずの扉のはずなのだが、扉は来たときから開け放たれていた。覗き込んでみると、部屋の中は1畳ほどの小さな物置になっていて、さらにその右手にまったく同じ分厚い扉があった。

今度こそ、これが本当の〝開かずの扉〟なのか？　と思ったが、なぜかこれも開かれていた。〝開かずの扉〟が開いていると、高熱もしくは肺炎を患うという噂があったことを思い出す。

中はまた1畳程度の小さな物置らしい。天井付近には部屋と同じくらいの大きさの業務用エアコンのような設備が付いている。どうやらここは冷蔵室だったのかもしれない。近くに調理室があったこと、保冷のための分厚い二重扉にも合点がいく。

患者を閉じ込めていた、という話はこの重厚な扉から連想されたのだろう。

もちろん噂の可能性が完全に断たれたわけではないが、呆気ない真相にがっかりしながら、私は廃墟を後にした。

2021年11月にかもめ荘は完全に取り壊され、長い歴史に終止符を打った。

現在、跡地は日本海の絶景や満点の星空を望むことができるお洒落《しゃれ》なグランピング施設となっているそうである。

奈良県

旧鹿路《きゅうろくろ》トンネル《とんねる》

左／深夜に行った際にトンネル内で撮影してもらった。焼身自殺の痕跡は残っていなかった。
右上／心霊スポットにあるカーブミラーは何か映っていないか期待してしまうのは私だけだろうか？
右下／昼に行った際のトンネル入口の写真。左側にトンネルの上に上れる階段があるがその先には……？

奈良県道37号桜井吉野線の旧道上にある「旧鹿路トンネル」はローカルな心霊スポットとして知られている。なんでも、トンネルの近くから焼死体が発見されたと言われているようで、他にも非常に珍しい霊の噂が囁かれている場所でもある。

正式名称を「鹿路トンネル」と言う。このトンネルは奈良県の桜井市と吉野郡のちょうど境界にあり、2003年9月17日に延長2446メートルの新鹿路トンネルが開通したことをきっかけに旧道となった。

それまでは、桜井市と吉野郡を直接繋ぐルートは旧鹿路トンネルだけだったため、交通の要衝《しょう》として重宝されていたと思われるが、はるかに便利となった新鹿路トンネルが完成してからは、近隣集落の住民と一部の心霊マニアが利用するだけとなり、交通量はほとんどなくなってしまったようである。

鹿路という少し不気味な名前の由来は轆轤師《ろくろし》（木地師）に関係していると思われる。

1966年11月竣工。延長570メートル、幅6・1メートル、高さ4・8メートル。

旧鹿路トンネルは新トンネルの脇の道を5分ほど、車で登っていくと到着するのだが、道路がぐねぐねと蛇行しているうえに、幅が狭く悪路のため慎重に運転する必要がある。しかも、電波も届かないため、なにかあっても助けを呼ぶことはできない。

ここではどのような噂が語られているか……。

・近くで焼死体が発見され、その霊が出没する。
・謎の人影がトンネル内を動き回っている。
・謎の声が聞こえてくる。
・蘇我入鹿《そがのいるか》の霊が出没する。

——という話である。

この場所で一番多く語られているのが、焼死体となった方の霊が彷徨っているというものである。ときには、なにかが焼け焦げたような臭いが漂ってくるとも言われているようだ。

この事件についてはネット上では詳細が一切不明ということで、実際にそんなことがあったのかと疑問視されているのだが、2003年10月28日の読売新聞大阪朝刊によれば、10月27日午前6時ごろに軽自動車の中から年齢性別不明の焼死体が発見されており、事故の形跡はなく自殺らしい、という旨が記載されていた。

新トンネルの方でも、警察官による事故（軽傷）、軽トラックが全焼する事故（軽傷）、乗用車と自転車の事故（死亡）などが起こっていることを過去の新聞から確認できている。

この場所を訪れた人の大多数が謎の声を聞いているともいう。それは、まるで耳元でボソボソと呟くような声であるため、近隣住民や他の探索者が発する音とはまた違うようだ。

そして、一番特徴的なのは蘇我入鹿の霊だろう。他のスポットではまず聞いたことがない。

有名な噂というわけではないが、ちょこちょこと聞かれる話である。

なぜ、ここにそんな噂が語られているのか？　ここからはあくまでも私の推測である。

念のために蘇我入鹿の説明をしておくと、飛鳥《あすか》時代の豪族で大和朝廷の権力者である。聖徳《しょうとく》太子《たいし》の子の山背大兄王《やましろのおおえのおう》を滅ぼしたが、乙巳《いっし》の変（大化の改新）で中大兄皇子《なかのおおえのおうじ》と中臣鎌足《なかとみのかまたり》に暗殺された。

蘇我入鹿が暗殺され、首が宙を舞っている瞬間を描いた「多武峰縁起絵巻《とうのみねえんぎえまき》」は誰もが教科書で見たことがあり、印象に残っている人も多いと思う。

実は、あの絵巻物が収蔵されているのが旧鹿路トンネルから3キロほどの場所にある談山《たんざん》神社なのである。この神社は中大兄皇子と中臣鎌足が蘇我入鹿を討つべく秘密の談合をしたとされている場所なのだ。

そして、談山神社から少し進んだ場所には気都倭既《きつわき》神社（茂古《もうこ》の森）があり、ここにとても興味深い伝承が伝わっている。

中臣鎌足が飛鳥板蓋宮《いたぶきのみや》で蘇我入鹿を暗殺したあと、殺した入鹿の首に追い回され、ここまで逃げ込んできたのだという。そのときに鎌足が「もうここまではこぬだろう」と言ったことから、茂古の森となったそうである。

この話以外にも蘇我入鹿が首だけになっても噛みついたり、祟りをなしたりという話は様々な場所や文献に伝わっている。この恐ろしいまでの蘇我入鹿の執念が、もしかすると近くの旧鹿路トンネルにまで影響を及ぼしている、もしくはこの伝承を元にして噂が作られたのかもしれない。

そして、このような首だけの妖怪を「飛頭蛮《ひとうばん》（抜け首）」というのだが、首の長い有名妖怪の「ろくろ首」と同一視されることが多い。

もしかすると、鹿路トンネルの本当の名前の由来はここからきているのかもしれない。

さらに、「中陵漫録《ちゅりょうまんろく》」という江戸時代の随筆によると、吉野山の奥地には抜け首タイプのろくろ首が住まう轆轤首村《ろくろくび》なるものがあったとされている。通常時は一般の人と変わらないのだが、夜になると首だけになり徘徊するという。このタイプのろくろ首には首筋に輪のような痣があるため、みな首巻きをつけているという話である。

旧鹿路トンネル周辺の桜井市大字鹿路は、古くは鹿路村と呼ばれていたそうである。距離は吉野山から20キロほど離れてはいるが、なにか繋がりがありそうな気がしてならない。


これは安達さんというバイク乗りの男性から聞かせていただいた話である。

旧鹿路トンネルへ行ったのは去年の夏なんですが、ネットとかで〝奈良県最恐スポット〟として結構紹介されたり、ＹｏｕＴｕｂｅｒが行ったりしてるのを動画で見てたので、気になって「旧鹿路トンネル」を検索してみたんです。

そしたら、ツーリングでよく行ってる、明日香村《あすかむら》から談山神社のすぐ近くではないですか!!

これは、過去に関西の心霊スポットをあちらこちら回った身としては行かねば！　と思い、早速ですがその週末の朝に行ってみました。

いつものツーリングコースから交差点を曲がったら、即到着だったのでちと拍子抜け。

とりあえずバイクを停めて記念撮影をしてから、トンネル内をしばし探索。精度の高いサーモグラフィーカメラでもチェックするも、特段なにもなし。

一旦バイクに戻って、桜井市側から吉野町側へ、一度走り抜けることにしました。

トンネルを吉野町側に抜けたら、その先が結構な酷道でこれは厳しいかもとUターンして、今度は吉野町側のトンネル入口でもバイクを止めて写真撮影をしました。

その間、トンネルを通った車は1台だけ。

薄暗く、ひんやりとしたトンネルは、それ以外は静かなまま。

さてそろそろ帰るかと、バイクに乗ってゆるゆるとトンネルへ走り出したらなにか嫌な予感。

往路とは全然違う感覚と寒さにちょっと不穏な感じがして、これはノンストップで通り抜けようと思ったら、バックミラーに黒い影がチラリと見えた。

路面も悪く、早く通り抜けたいのでちらちらとミラーを確認した程度なのですが、丸みを帯びた黒い塊《かたまり》が、ミラーの3分の1程度に映り込んでは、バイクの振動と共にゆらゆらと。

（いや……まじで‼　ウソやろ‼）

気は焦るも事故ると困るので、速度は上げずに我慢して走行、やっと向こう側の出口へ。

そこでバイクを止めて後ろを見るも、バイクの後ろも、トンネル内も、なにもなし。

——あれ、なんやったんやろ。

そうビビりつつ考えていたら、うちのバイクは大きなリアボックスが付いている。

「あっ、これか‼」

たしかにボックスの角は丸くて黒色、ミラーに映ったら、頭に見えるわと、安心してツーリングを続けて帰宅。

その後は、なんもなしですっかりこの日のできごとは忘れることに。

そしてツーリングの日々が続いていたある日。また明日香村～談山神社方面へツーリングに行く機会が。

明日香村で写真撮影をして、談山神社に向かっているときにふと思い出す。

そういえば前に旧鹿路トンネルに行ったときは、ミラーにリアボックスが映り込んでビビったなと。

そのときのことを思い出しつつ、ミラーを確認。

「あれ？　リアボックスは？」

ミラーを何度確認しても、リアボックスは映り込まず。

身体を少しずらしてみても、ミラーの角度を変えてみても、リアボックスなんか映らない。

うちのバイク、リアボックスなんかミラーの視界に入ってこないやん、とびっくり。

（そしたら、あのときトンネルで映り込んでいたものはいったい⁉）

後日にゾッとした——という、旧鹿路トンネルでの体験談である。


筆者は昼と夜の二度ここを訪れている。まるで林道のような険しい道中を行く。

トンネル自体は道幅も広くて綺麗に整備されており、照明もあるので見た目の恐怖度はたいしたことはない。

見た目が古めかしくないのは、新トンネルが開通する際にこのトンネルも整備されたからだそうだ。570メートルと歩くには少ししんどい距離だが、私はよっぽどトンネルが長いか、安全上歩行できないであろうトンネル以外は、必ず歩いて調査することにしている。

扁額《へんがく》には「鹿路トンネル」の文字。当時の奈良県知事が書いた文字らしい。

吉野郡側の入口左側に金属製の階段が設けられている。階下の踊り場に焚き火跡のような焼け焦げた枝が寄せ集められていた。階段はトンネルの真上に繋がっているが特に上にはなにもなく、空き地が広がっているだけだった。

気を取り直し、トンネル内へと入っていく。照明は節約のためか、全体的にまばらに点灯している。中は風の通りがよく5月前でも肌寒かった。

地面には大量のBB弾が……。

こんな公道でもサバゲーをしているのだろうか。実際に鉢合わせたことはないのだが、心霊スポットの廃墟や森がサバゲーフィールドになっていることは多い。

トンネル半分を越えたところに大量の赤い糸が絡まった状態で落ちているなど、意味深なものはちょこちょこと見つかったが、特になんの現象もなく通り過ぎた。

そして、そのまま私は次の心霊スポットへと向かった。

山口県

○○○さんの家《○○○さんのいえ》

左上／ブラウン管テレビが捨てられていた。その他にも不法投棄がされていたが、わざわざここまで捨てにきたのだろうか？
左下／ガラスは破壊されつくし、もはや扉としての役目を果たしていない。
右／家とのツーショット。この日は蒸し暑く、周囲が竹藪ということで蚊に食われまくった……。

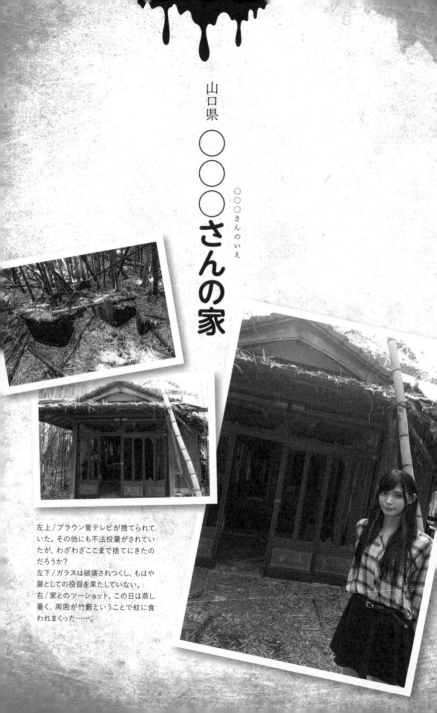

噂自体は少なくとも2017年ごろから地元を中心に囁かれていたようだ。そして、今から数年前に某心霊系YouTuberの動画に登場して以来、他のYouTuberもこぞって訪れるようになり、全国的に有名な心霊スポットとなっていった。

山口県某市の静かな田園地帯に隣接する竹林の中に、まるで隠されるかのように存在している廃墟。それが「〇〇〇さんの家」である。

廃墟のある竹林付近は神社や小学校、住宅街があり、長閑《のどか》な日常風景が広がっている。とてもではないが、近くに有名心霊スポットがあるとは誰も思わないだろう。

大きな2階建ての日本家屋が竹林の中に突然現れる様子は、まるで別世界へ迷い込んだような、そんな違和感すらも覚える。

この場所にはどのような噂があるのかというと。

・過去に一家心中があった。
・家へ入ると霊に取り憑かれ、必ず不幸になる。
・中にあるピアノに触れると呪われる。
・殺された家族の霊が出没する。
・少女の霊が出没する。

——というものが囁かれている。

この家には父、母、娘の3人家族が仲良く暮らしていたそうだ。どんなきっかけがあったのかは分からない。とある日を境に優しかった母が発狂し、父と娘の身体を切り刻み殺害したという。そして。自らも命を絶ってしまった、そんな哀しい噂話がある。

なんでも、この一家は音楽を生業としていたとされており、大きなピアノがあったり、家じゅうに楽譜が散らばっていたりしているという。

特に娘が大切に使っていたとされるピアノは、触れるだけでも強い霊障を起こすと言われている。肝試しに来ていた若者がふざけて、とある曲を弾いた瞬間。ふたりとも精神に異常をきたしてしまったという話が囁かれているほどだ。

この呪いのピアノには、少女の強い想いがこもっているようである。


筆者は真夏の昼間に現地を訪れた。

田んぼ道を歩きながら、どの辺りだろうかと手元のナビを確認する。目の前に大きな森があるが、外周からはまったく廃墟がありそうな気配がしてこない。森と森との間に獣道のような、なんとか入っていけそうな場所を見つけ進んでいった。

すると、左手に石垣が見えてきて、ここだと確信した。竹と竹の合間から古びた日本家屋が見えたのである。住んでいた当時はとても立派なお屋敷だったのだろうと感心していた。

家の周りには、デスクチェア、ブラウン管テレビ、寝具、タイヤなどが散乱している。おそらく不法投棄だろうか？　玄関は磨りガラスの引き戸だったのだろうが、ガラスは破壊され尽くしている。玄関の上がり框《かまち》は底が抜け、靴箱には片っぽだけになった婦人靴が置いてある。

そして傍には赤い表紙のピアノ曲集が置かれていた。よく見れば、周囲に散乱している冊子は、ヴィヴァルディやらロッシーニやら世界名曲集やら音楽に関連するものばかりらしい。

床に大量に散乱した物品で最初は気が付かなかったが、少し進んだところに大きなピアノが横倒しになっていた。

これが噂にあった〝呪いのピアノ〟なのかもしれない。

だが、朽ち果てており、とてもではないが弾けるような状態ではなかった。

家の柱は傾き、屋根は剥《は》がれ、隙間からは太陽光が差し込んでいる。いつ崩れてもおかしくない状態だ。

寂しそうにポツンと置かれたぬいぐるみ、位牌ごと残っている仏壇。

なぜこの場所は廃墟となってしまったのだろうか？　噂の真偽は分からないが、残留物の多さから、なにかよっぽどの理由があったのかもしれない。

2階への段梯子は破壊されていた。誰かが持ち込んだであろう脚立はあったが、今回は上階の探索を諦め、帰途へと就いた。

静岡県

小笠山憩の森《おがさやまいこいのもり》

左／三連トンネルのひとつめのトンネル。ぱっと見だと立ち入り禁止に見えるが、あくまでも通行注意である。
右／小笠池。早朝の小笠池は爽やかな風が吹いており心地よかった。

静岡県掛川市《かけがわ》と袋井市《ふくろい》にまたがる標高265メートルの小笠山。その山頂付近には小笠神社が鎮座し、そして徳川家康が掛川城を攻略するために築いたとされる小笠山砦の遺構が残っている。南方の山麓には小笠池という農業用水の安定供給を目的とした、溜め池がある。

この小笠池は1952年から1964年にかけて築造された。

周囲は〝小笠山憩の森〟として、トンネル、吊り橋、野鳥観察小屋、東屋などが整備され、四季折々の美しい景色でハイキングにぴったりな場所になっている。

自然豊かで静かな公園なのだが、実はここを訪れる人は非常に少ない。なぜなら、静岡県内でも別格にヤバい心霊スポットとされているからである。

こんな噂が囁かれている。

・駐車場の傍の公衆トイレで少女の遺体が見つかり、少女の霊の出没や悲鳴が聞こえてくる。
・三連トンネルにため池で溺死した女性の霊が出没する。
・吊り橋（矢《や》矧橋《はぎばし》）に老爺の霊が出没する。
・野鳥観察小屋もしくは東屋で焼身自殺をした人がいる。
・帰り道に必ず事故を起こす。

このような様々な目撃情報があることから、ここ一帯が霊の巣窟だとも言われている。

三連トンネルの幅は自動車1台がかろうじて通れるほどで、照明の類は一切ない。入口付近はコンクリートで補強されているが、少し進むと壁面がゴツゴツとした手掘りに変わっている。わずか100メートルという距離がやけに長く感じ、息苦しくなるような閉塞感があった。

元々は池の整備の際に車両を通すために掘られたトンネルで、同じようなトンネルが3つ連続していることから、三連トンネルと呼ばれている。そのなかでも、特にふたつめのトンネルでの心霊目撃情報が後を絶たないという。

実際に噂にあるような事件が存在したかというと、過去の新聞や文献からは確認できなかった。しかし、1933年4月に警察協會が出版した『警察協會雑誌三九二号』にこんな話が掲載されている。

夫に先立たれた30代の主婦が小笠山にて行方不明となり、その9年後に身元不明の白骨遺体が小笠山山頂の三峰から見つかっている。鑑定の結果、死後10年ほど経った小柄な女性ということしか分からず、服装などから、行方不明の女性だと推測されているという。

実はこの女性は近所の妻子ある男性と度々密会していたこともあり、他殺と自殺の両方の可能性があるというが、真相は分かっていない。

この話が事件や自殺などの噂の元になっているのかもしれない。

これは伝承だが、江戸時代に藤長庚《とうちょうこう》が編纂《へんさん》した『遠江古蹟図絵』にはこんな話も記されている。

小笠山に横笛吹きが上手な15歳の尾太夫という少年がいた。あるとき、笛を吹いていると三廣坊という大天狗が現れる。尾太夫の笛の腕前に惚れ込んだ大天狗は、自分の眷属《けんぞく》になれと言う。尾太夫は、その要求を了承し、多聞天《たもんてん》という天狗になった、という話が伝わっている。

この山では、天狗囃子という笛の音色がどこからともなく聞こえてくるという。

そして、古くから神隠しに遭う山とも言われている。この山はただの山ではなく、人智を超えた〝なにか〟が今も潜んでいるのかもしれない。

介護士をされている後藤さんが小笠山でこんな体験をしている。

後藤さんは散歩がてら、夜中に小笠山のハイキングコースを歩くのを日課としていた。夜風を浴び、虫の鳴き声を聞きながら歩くのが好きだったという。

この日も山道を懐中電灯で足元を照らしながら進んでいると、向こう側に白髪頭のお婆さんの姿があった。

両手で杖を突きながらヨタヨタと歩いてくる。

どうしてこんな時間に？　と思ったが、それはお互い様、そう納得した。

曲がった腰でニコニコしながら歩く老婆とすれ違う。

そのとき、ハッとした。

こんな山奥なのに、明かりも持たずにどうやってここまで歩いてきたのか？

考え始めると沸々と恐怖が湧いてきたという。

そもそもなんで、お婆さんの細かい表情まで分かったんだ。わざわざ懐中電灯を人に向けるようなことはしていない。

距離をとろうと必死で歩いた。後ろを振り返るとお婆さんの姿は、もうなくなっていた。

「今思うと、あのお婆さんね、微かに金色に発光していた気がするんだよね。なんか狸とか狐に俺は化かされたのかもしれないね」

近くには民家も街灯も、なにもない山中でのできごとである。


フォロワーのミッチーさんがひとりで小笠山憩の森で肝試しに行ったときに、謎の声のようなものを聞いたという。三連トンネルのひとつめで男性の声、吊り橋では女性の声。

そのどちらもが、まるで悶《もだ》え苦しむような、苦痛に歪《ゆが》んだ呻き声だったと話してくれた。

岐阜県

13号トンネルと14号トンネル《13ごうとんねると14ごうとんねる》

左上/14号トンネルから13号トンネルへと向かう間の道。
右上/14号トンネルは危険ゆえに立ち入り禁止になっている。
下/13号トンネルも苔むして内部は崩れてきている。

岐阜県多治見市《たじみ》と愛知県春日井市《かすがい》にまたがる約8キロの旧国鉄中央線の廃線跡には愛岐トンネル群と呼ばれる、明治期に煉瓦で造られた歴史的に貴重なトンネル群がある。

1900年頃に竣工し、多治見市などの窯業《ようぎょう》地域から、名古屋市へと物資を運搬する目的で開通したという。元々は14基あったトンネルだが、現在は9号トンネルが撤去され、岐阜県側に7基と愛知県側に6基の計13基が残っている。

現存する明治期のトンネル群としては国内最大規模、さらに東海地方で最古級の歴史を持っており、うち一部のトンネルは近代化産業遺産や登録有形文化財にも認定されている。

1966年に新たな路線が開通したことによって廃線となったのだが。

実は愛岐トンネル群の一番端、多治見市側の「14号トンネル」と「13号トンネル」は、有名な心霊スポットとして知られており、口裂け女の発祥地という説も囁かれているのだ。

さらにはこの廃線跡に沿うように、「古虎渓《ここけい》ハウス」や「千歳楼《ちとせろう》」など、マニアなら字面だけでも興奮できる著名スポットが点在している。

ちなみにではあるが、群馬県の碓氷峠《うすいとうげ》トンネル群、福井県と滋賀県の境の旧北陸線トンネル群とともに日本三大廃線トンネル群とも呼ばれており、碓氷峠トンネル群は碓氷第三橋梁（めがね橋）、旧北陸線トンネル群は山中トンネルと、それぞれ一部分が心霊スポット化している、という不思議な共通点がある。

13号トンネル（池田町屋第一隧道）

1900年7月開通、1966年4月廃線、延長261メートル。

14号トンネルを通り抜け、林道のような道をしばらく歩いた先に佇むトンネル。

魔の13号トンネルとも呼ばれており、西洋で忌み嫌われる不吉な数字からか、14号トンネルよりも凶悪で恐ろしい霊が蠢いていると言われている。

ちなみにトンネルの奥側出口はコンクリートにより完全封鎖されている。

ここには次のような噂が囁かれている。

・口裂け女発祥の地と言われている。
・トンネル工事中の事故で20人以上もの作業員が亡くなっており、その霊が出没する。
・開通後は自殺による人身事故が多発していた。
・自殺した母子の霊が出没し、見てしまうと不幸に遭う。
・列車の警笛の音や走行音が聞こえてくる。

——というものである。

13号トンネル付近には過去に精神病院があったとされ、そこから逃げ出した女性がトンネルに潜み、マスクを着けた状態で子どもを襲っていた。という話が口裂け女伝説の始まりだとする説がある。ただ、これは岐阜県内で数多語られている口裂け女発祥説のひとつにすぎず、あくまで少数説である。

また、約8キロではあるが、急峻《きゅうしゅん》な山岳《さんがく》を当時の道具を用いて、14ものトンネルを切り開く工事は過酷を極めたという。多額な金銭、長い年月、そして土砂崩れや落盤事故で20名余りの尊い命が亡くなっている。中央線建設工事殉職者慰霊碑はその霊を慰めるため、1900年にトンネルが開通するとほぼ同時に建立された。現在は定光寺《じょうこうじ》駅付近に移動されている。

14号トンネル（池田町屋第二隧道）

1900年7月開通、1966年4月廃線、延長385メートル。

愛知県側から数えて14番目にあることから14号トンネルと呼ばれており、現在は工事用フェンスで封鎖されている。

こんな噂が囁かれている。

・トンネル工事中の事故により亡くなった作業員の霊が出没する。

――だけである。

13号トンネルの通過地点的な立ち位置の心霊スポットかもしれないが、向こうにはないぼろぼろのフェンスが設置されている部分は、荒廃した雰囲気が漂っており、かなり心霊映えする風景である。距離的にもこちらの方が長く、13号にたどり着く前にこの場所で霊現象に遭遇したり、恐怖から逃げ出したりする人も多いようである。

この地域で幼少期を過ごしたという井上さんから聞かせたいただいた話。

井上さんが中学の頃、よく行く遊び場に封鎖された廃トンネル群があった。封鎖されているといっても今のように厳しいものではなく、入口部分に簡易的な柵が設けられているだけで、容易に侵入できたという。

ある時期、ロケット花火をして遊ぶのが流行っていた。相手と撃ち合いをしてみたり、トンネルの中に撃ち込んでみたり。内部で破裂したロケット花火はトンネル壁面に反響し、より大きな音となる。それが、とっても楽しかったのである。

その日は、彼を含めた4人で、いつものようにトンネルにロケット花火を撃って遊んでいたのだが、さすがに飽きてきた彼らはトンネル内を探検してみるか、ということになった。

まだ半分以上も残っている花火の袋を井上さんが持ち、昼間とはいえ中が真っ暗なトンネル内に歩を進める。4人横並びで進みながら、キャッキャと騒ぐ。

後半を過ぎたあたりで、花火の入った袋をガシッと掴まれる感覚があった。誰かが袋を持ってくれるんだなと、そのまま手を放す。

ようやく出口に着いて、日の光で明るくなると、誰も袋を持っていないことに気が付いた。左右にいた友人のいたずらかと思ったが、頑《かたく》なに知らないと言う。

ふざけている様子もない、そのうえ肝心の袋がないのだから嘘ではないのだろう。誰に聞いても心当たりはなく、怖くなって引き返すことにしたという。

すると、トンネルの半分辺りのところ、壁の隅の方に花火の袋が転がっている。壁際を歩いていない井上さんが何かに引っ掛けたのを勘違いして落とした、にしても位置的に不自然な場所である。

それに落としたとするならば、ガサッと音がして気が付くはずである。納得がいかないまま、袋を拾い上げ、出口を急いだ。

出口を出た瞬間、目の前の光景に愕然とした。辺り一帯の草が燃え、大量の煙が出ていた。

4人とも大慌てで砂を掛けたり、靴で踏んだりしてなんとか鎮火できたという。

花火をしていたため火種があったのはたしかなのだが、トンネルに向けて撃ち込むばっかりで、草側が燃えるはずがなかった。

当時はボヤ騒ぎで親に怒られたり、警察が来たりする方が怖くて、しばらくの間、バレないかとヒヤヒヤしていたそうだ。このトンネルが怖い場所というのは雰囲気から分かっていたが、後からこの場所が有名な心霊スポットだと知ったという。

岐阜県

朝鮮トンネル《ちょうせんとんねる》

左／朝鮮トンネルとのツーショット。背後からただならぬ気配を感じる気がする。
右上／トンネルまでの過酷な道中で出逢った廃屋。放置されてからどれだけ経つのか想像もできない。
右下／朝鮮トンネルのすぐ傍に掘られた素掘りの洞窟。この場所にも心霊の噂が囁かれている。

岐阜県加茂郡八百津《やおつ》町《ちょう》南戸《みなと》の国道４１８号線。酷道とも呼ばれ、木曽川を縫うように通る悪路の先には通称〝朝鮮トンネル〟と呼ばれているお化けトンネルが姿を現す。正式名称を〝二股《ふたまた》隧道〟と言う。この場所が、なぜ朝鮮トンネルと呼ばれているのか、それはトンネル工事の際に大量の朝鮮人労働者を過酷な環境下で強制的に働かせていた、そんな噂が囁かれているからだという。

この場所の周囲はどれだけ見渡しても山と川である。しかし、意外にも観光資源は豊富な場所で、日本一高いバンジージャンプがあったり、蘇水峡《そすいきょう》という風光明媚《ふうこうめいび》な場所があったり、さらには杉原千畝《すぎはらちうね》記念館に、剣豪の宮本武蔵《みやもとむさし》が修行したという伝説が残る五宝滝《ごほうだき》などがある。

しかし、このトンネルを中心に、「新旅足橋《しんたびそこばし》」や「丸山ダム」と有名心霊スポットが密集している地帯でもあり、この地は悪いモノを引き寄せてしまうなにかがあるのかもしれない。

新旅足橋は前述した日本一高いバンジージャンプが行われているのがこの場所である。実は自殺が多発しているスポットでもあり、つい最近も男性が飛び降りて亡くなっている。

そして、丸山ダムはとにかく人が死に過ぎている。ダム建設工事で40人以上の殉職者、完成後は古美術商の男性が殺害されダムに遺棄、古美術商を殺害した犯人グループのひとりが仲間割れにより殺害され、やはりダムに遺棄されている。

２００３年1月3日付けの読売新聞中部朝刊にダム湖へ転落している車を調べてみると男性の遺体が見つかった、という旨が記載。２００９年6月6日付けの同紙朝刊に駐車場で焼身自殺をする夫婦が発見された、という旨が記載。2013年9月25日付けの同紙朝刊にダム湖に浮かんでいる遺体を観光客が見つけてしまった、という旨が記載。

その他にも、少なくとも3件の死亡事件事故と1件の自殺未遂があったことが読売新聞の記事から確認できている。

ふるけんさんが数年前に体験したできごとだという。

夏の暑い時期、久々に集まった友人たちと夜に肝試しとして朝鮮トンネルに向かうことになった。4台の車で総勢12人もの大所帯である。

それぞれの車に乗っているひとりがスマホでグループ通話をしながら、朝鮮トンネルに向けて車を走らせていた。

険しい山道に入ったということもあって電波が悪いのだろうか、スマホ通話のなかにノイズが混じるようになってくる。

さらにしばらく車を走らせていると、前方を走っていた友人の車がトンネル手前の路肩でハザードを焚いて止まっていた。ふるけんさんの乗る車も路肩に寄せる。

車を降りて、どうしたのかと聞きに行くと。

友人の車に乗っていた女子2名が急に意識がなくなったという。その2名のうちのひとりはふるけんさんの奥さんだった。

トンネルはもう目と鼻の先だったが、奥さんの体調が心配である。

このままトンネルに行くのは無理だと判断したふるけんさんは、みんなを説得し、来る道中にあったコンビニまで引き返すことになった。

険しい道を乗り越え、ようやくコンビニに到着する。

それでも、ふたりは意識を失ったままだった。何度かふるけんさんが必死に呼びかけていると、その想いが通じたのか、ようやく奥さんが意識を取り戻したという。

奥さんが意識を取り戻すと、連鎖的にもうひとりも目を覚ました。

そして、あのとき、なにがあったのかふたりはゆっくりと話し始めた。

彼女たちの乗った車は4台のなかで前から2番目を走っていたという。そして、例の峠道を走っている途中から、奥さんらがグループ通話に話しかけても、みんなには声が届いていない様子だった。

「ノイズがうるさくて、なんも聞こえないんやけど」

どれだけ話しかけても、ノイズが出ているのか、向こうには聞こえていない。

だが、向こうの声はこっちに聞こえてくる。

仕方なくグループ通話を放置して、しばらく進んでいると、途中に古びた赤い橋に差し掛かった。それと同時に、橋のすぐ傍に女が立っているのが視界の隅に入った。

こんな所に人が立っているはずなんて絶対にない。車でも相当走った場所、しかも車両も歩行者も通行止めの山道を走っているのに……。

奥さんは怖くて、意識して女を見ることができなかった。でも視界の隅《すみ》に確実に存在している。そして、自分と同じような服を着ているということだけは認識できたという。

そして、そのまま女を通り過ぎる。

(はぁ、良かった。追いかけたりはしてきてない)

ホッと安堵したのも束の間、今度は道の先に女が立っていた。

道の外側を向いていて顔は見えない、黒い髪をなびかせてなにをするでもなく立っている。

明らかに普通じゃなかった。

後部座席に一緒に座っていた友人もその女を認識していた。

そして突然のこと、友人の腕が、窓の外からうねうねと入ってきた青白い手にぎゅーっと掴まれた。まるで外へ引っ張り出そうとしているようだった。

奥さんも友人も絶叫しながら、暴れまわるのだが、腕は掴まれたまま。

後部座席の騒ぎを見た運転手が路肩に停車させる。

そして、必死に外に引っ張られるのを阻止しているうちに、諦めたのか青白い手は車の外の闇に、吸い込まれるように消えていったという。友達の腕には痛々しいほどくっきりと手の跡が残っており、それを見た瞬間に瞼《まぶた》が重くなって、身体も鉛《なまり》のように動かしづらくなってふたりとも意識を失ったという。

意識を失ったとは言ったものの、友達の心配する声や呼びかけはしっかりと聞こえていて、それなのに、目を開けることも身体を動かすこともできなかったそうである。そして、それは自分だけでなく、腕を引っ張られた友人も同じ状態になっていたということが、周囲の会話から理解していた、そう奥さんは語ってくれた。

奥さんが乗っていた車の運転手は、突然ふたりが後部座席で暴れ出したため、普通じゃないと思って停車させたが、窓にあったという青白い手は見ていないという。

そして、一番不可解なのは奥さんと友人が見たという、呆然と立ち尽くしている女は、他の車の誰も見ていないということだった。

彼女たちが目撃したあの女はなんだったのか、車から引きずり降ろそうとしてきた青白い手とはなんだったのか、それは今も不明である。

静岡県と愛知県

旧本坂トンネル《きゅうほんざかとんねる》

上／トンネル内部から撮った写真。歴史あるトンネルに無残にも書かれた落書きが、なんとも悲しい……。
下／旧本坂トンネルの外観。重厚な煉瓦で造られており、威厳すらも感じさせる。

静岡県浜松市と愛知県豊橋市にまたがる本坂峠の辺りは、戦国時代に本坂通として整備され、見附宿《みつけ》（磐田市見付《いわた》）と御油宿《ごゆ》（豊川市御油町）を結ぶ60キロほどの裏街道であった。徳川家康《とくがわいえやす》や、その他の大大名、さらにはベトナムから徳川吉宗《よしむね》に献上された象も通ったとされている。

この道は近世になってから姫街道という可愛らしい名前でも呼ばれていた。

その由来は、女性の取り締まりが厳しかった新居関所《あらい》を避けられるルートとして女性が多く通ったからとも、東海道を通ることができない事情を抱えた人が通っており、秘め街道と呼ばれたからとも、東海道ができる前から使用され、万葉集にも二見の道として記載されるほどの歴史を持つことから、古い街道という意味のひね街道が転じたからとも、諸説言われている。

そして、この姫街道の難所である本坂峠には、煉瓦造りが重厚な雰囲気を醸し出すお化けトンネルが存在している。

それが「旧本坂トンネル」である。

１９１５年竣工。延長２０４・９メートル、幅5メートル、高さ４・１メートル。

正式名称は「本坂隧道」と言い、大正年間に作られた長い歴史を持つ心霊スポットである。

国道３６２号線上には１９７８年に開通した新しい本坂トンネルがあり、その手前の脇道を上っていくと、旧本坂トンネルへと繋がる峠道に出ることができる。

新道が２００８年ごろまで有料道路として使用されていたため、そのころは節約のためにあえて峠道を使用する人もいたというが、新道が無料になった今では、わざわざ険しい道を通る必要性がないため通行者はほとんどいない。道中もトンネルも照明の類は一切なく、くねくねと蛇行する道、連続する急カーブのせいか、事故が多発している場所でもある。

そして、この場所には次のような心霊の噂が囁かれている。

・着物姿の女性の霊、老婆の霊、赤子を抱いた女性の霊が出没する。
・トンネル天井に逆さまにぶら下がる女の霊が出没する。
・トンネルの中央に車を停車し、クラクションを3回鳴らすと、幽霊に襲われる。
・車が故障する、帰りに事故に遭う。

——というものである。

女性の霊ばかりが出没しているのは、この場所が姫街道の難所であったことが由来しているという説がある。

現代では到底考えられないが、古くから峠越えは命懸けの行為だった。食べ物は限られ、道も現在ほど整備されていない、落石や遭難、はたまた山賊や獣の被害まで容易に想像ができる。

この場所に限らず、非力な女性は峠越えの際に野垂れ死にしてしまうことや、賊に襲われ殺されてしまうということが多くあったという。この地には、その無念の想いが現在まで残り続けているのかもしれない。新トンネルのすぐ傍には「嵩山蛇穴《すせじゃあな》」という洞窟がある。その名前の通り、大蛇が棲んでいたという伝説が残っている場所で、埋蔵金が眠っているという噂もある。縄文時代の人骨が見つかっていることから、縄文人の住居跡だと推測されており、一応心霊スポットとも言われている。

さらに、愛知県側から旧トンネルへ向かう途中には「浅間神社」、通称「首狩り神社」という有名な心霊スポットが存在している。

江戸時代の街道が賑わっていたころ、峠越えをしようとする旅人から金品を奪っては殺していた山賊が、この階段の1段目と3段目にズラーッと横一列に首を並べていたという。それが「首狩り神社」と言われる所以で、訪れた際に1段目と3段目の階段を踏んでしまうと、呪われるというジンクスがある。

実際のところ話の真相は定かではないが、この神社は山頂付近から順番に頭浅間（大山社）、腹浅間（原川社）、足浅間（富士社）と三社ある珍しい神社で、ご利益のある部位がその名称となっている。そのことは入口の案内板にも記載されているのだが、頭浅間という字面の不吉さと、峠自体の怖いイメージが結びついてできた噂のような気もする。

それでも、この一帯では数多の心霊目撃譚があるのは事実なようで、ＳＮＳで怪談収集したところ、群を抜いて沢山の話を送っていただけた。

そのうちの一部を次に紹介する。

ネット上で怪談語りをしている、くにとひめさんに聞かせていただいた。

これは、友人である矢崎さんが5年前に体験した話だという。

バイクをこよなく愛していた矢崎さんは、念願だった大型バイクを購入し、毎週のようにツーリングに明け暮れていた。仲間と計画を立て、ゴールデンウィークを使って遠出をするというプランを練る。

埼玉県に住む矢崎さんはバイクでの長旅に憧れていたため、友人とお金を出し合い、静岡県の民宿を予約することにした。朝から色々な観光名所を満喫し、ようやく静岡に到着したころには夕刻を過ぎていた。

夕飯を済ませたあと。酔っぱらった友人と、お酒の飲めない矢崎さんは部屋でまったりとした時間を過ごしていた。すると、急に友人がこんなことを言い始めた。

「そういえば、俺さ、怖い話とか幽霊とかの話って好きなんだよね。ここらなら、そうだなぁ……旧本坂トンネルってとこあるんだけど行かないか?」

オカルト好きな矢崎さんは興味をそそられ、その提案に乗ることにした。

民宿に外出許可も得て、友人を後ろに乗せ、旧本坂トンネルへ向かう。

賑やかな街並みから山手に差し掛かり、景色はどんどん街灯もない山奥へ入っていった。

当然、こんな時間に行き交う人や車はいない。ただひたすらに林道を走り続ける。

もうじき、旧本坂トンネルが見えてくるというところで、朽ち果てた廃屋がポツンと建っていた。すると、それを見た友人は中が気になるから停まってくれ、とせがんできた。仕方なくバイクを停め、懐中電灯を片手に散策を始める。

廃屋にはなんともいえない不気味な雰囲気があり、全身にゾワッと鳥肌が立つような感覚があった。

「おい、ここ……なんかヤバいから行こうぜ」

直感的にこれ以上近付いてはいけない、そんな気がした。友人はまだ散策したかったらしいが彼の怯えようを察し、引き返してくれた。

再度バイクに跨り、友人が後ろに乗った瞬間。いや、正確には友人が乗る直前。

友人より先に、後ろに誰かが跨《また》ったような重みを感じた。感覚的に3人乗りのような感じだろうか。矢崎さんは違和感を覚えたが、恐怖心から深く考えないようにしたという。

そして、ようやくお目当てのトンネルへとたどり着いた。

周囲は野生動物の鳴き声しか聞こえない。

「よしっ、行くか!」と、ふたりは懐中電灯を片手にトンネルへと足を踏み入れた。

静寂のなか、ふたりの足音と会話が反響する。

風がまるで女性の叫び声のような音を立てて吹き抜けていく。

ある程度進んだところで、友人が急に立ち止まり、引き返そうと言い出した。

見ると、友人はガタガタと震えている。

「帰りにさ、もうひとつ別の場所で首狩り神社ってとこあるから、そこ行ってみようか」

さっきの仕返しとばかりに、冗談混じりで言ってみると。

「——いいよ」

よほど怖かったのだろうか、声にいつもの覇気《はき》がなかった。

これ以上、長居しないで連れて帰ろう。嫌な気配は矢崎さんも感じていた。気まずい空気のまま帰途へ着いていると、カーブに差し掛かる寸前。急にバイクが宙に浮いたような感覚に襲われた。

咄嗟にヤバいと思い、慌ててブレーキレバーを握るが、レバーはスカッと空を切るような、握った感触がない。制御不能のままガードレールに激突し、ふたりは地面に放り出されてしまったという。

矢崎さんは呻き声を上げながら辺りを見回す。友人も矢崎さんも奇跡的にかすり傷で、バイクも大きな損傷はなさそうだ。

「ほんとにわりぃ、ブレーキが壊れたっぽい、怪我ないか?」

友人は事故のショックからか茫然としていた。

「おいっ、しっかりしろよ!」

すると友人は無言で前方を指差した。

ぶつかったガードレールのすぐ横に〝死亡事故発生現場〟という看板、そしてまだ新しい献花とお酒が供えられていた。

まさか、同じ場所で事故するなんて、矢崎さんは単なる偶然とは思えなかった。

一歩間違えれば矢崎さんたちも……。そう思うと背筋が凍った。バイクはというと、ブレーキレバーに一切異常は見られなかった。

宿に戻ってから友人は言った。

「お前、帰りにどこに寄ろうとした？」

「どこって首狩り神社に行こうって、お前も返事しただろ？」

青ざめた顔で友人は首を横に振る。

「俺はなにも言ってない」

じゃあ、あの時の声はなんだったのか？

事故現場で亡くなった人も、もしかすると矢崎さんたちと同じく〝事故らされた〟のかもしれない。人ではない、なにかが後ろに乗った感覚を今でも鮮明に覚えているという。


とある心霊系YouTuberの山石さんから提供いただいた話。

山石さんは後輩とふたりで旧本坂トンネルに足を運んだ。

トンネルは山奥にひっそりと存在し、月の光さえも届かない場所にある。

目の前に近付くまでトンネルの存在に気付かなかったほどだという。

トンネル手前にある少し開けたスペースに駐車し、降りた瞬間。

トンネル内部から複数人の話し声、歩き回る足音が聞こえてきた。

あ、先客がいるんだな。有名な心霊スポットということもあり、霊障などの類ではないと確信。

動画撮影のためにあらかじめ一言挨拶をしておこうと、声の方向へ歩いていった。

しかし、進むにつれて声や足音は聞こえなくなり、おかしいなぁと思いつつも、誰ともすれ違うことなく出口まできてしまった。

思い返すと変なことばかりだった、トンネルは照明もない真っ暗闇にもかかわらず、相手のライトの光が一切漏れてこなかった。そして、歩いている間に車やバイクのエンジン音が一切なかったことから、帰ったというわけでもないはずである。

山中の峠にあるこんな場所、こんな時間に徒歩や自転車で来たと考えるのは現実的ではないだろう。では一体、さっきの人たちはどこにいったのだろうか?

その不可解な音声は、念のために回していた動画にしっかりと残されているそうである。

2年後に再訪。前回と同じ場所に車を停めようとすると、なぜかタイヤがパンクし、レッカー車を呼ぶ羽目に。そして、電車で帰るべく、ホームで待っていると人身事故で停止。

「安易に霊障とは思いたくないけど、実はそれ以外にも色々と悪いこと続いちゃって……。その日に起こった一連の不幸は偶然とは思えないんですよね」

山石さんは、そう話をしてくれた。

熊本県

田原坂《たばるざか》公園《こうえん》と七本《ななもと》官軍墓地《かんぐんぼち》

左／戦死した300名近い政府軍の軍人が眠っている場所。現在は観光地になっている。
右上／弾痕の家（復元）。サイドには痛々しい弾痕があり、当時の凄惨さを感じることができる。
右下／七本官軍墓地。大量の墓石が並ぶ様子は西南戦争の激しさを今に伝えている。

以前、熊本県でお化け屋敷をプロデュースさせていただいたとき。イベントの運営さんやアクターさんなどへ、手当たり次第にこんな質問をしたことがあった。

「熊本でおすすめの心霊スポットはどこですか？」

みんなが親切にいくつも怖い場所を教えてくれたのだが、そのとき誰に聞いても必ず名前が挙がる場所があることに気が付いた。

それは、西南戦争の古戦場跡「田原坂公園」と、その戦争で亡くなった明治政府軍側の死者を埋葬した「七本官軍墓地」であった。ここは歴史に深く密接することから、歴史愛好家にもよく知られている有名スポットなのだが……。

田原坂公園

熊本県熊本市北区植木町豊岡《うえきまちとよおか》、一見すると緑豊かで長閑《のどか》な田園地帯が広がっており、心霊スポットなどとは無縁に感じられる場所だが、時を遡ると……ここには地獄が広がっていた。

1877年2月から9月の7ヶ月に渡って、日本最後の内戦と呼ばれる西南戦争が繰り広げられた。明治維新の功労者、西郷隆盛《さいごうたかもり》率いる薩摩《さつま》軍が明治政府軍を倒すべく、鹿児島県・熊本県・宮崎県・大分県などで衝突したのである。西南戦争全体での死者数は約14000人にも達し、そのなかでも特に多くの死傷者を出した最大の激戦地が、ここ田原坂なのだという。

3月4日から3月20日までの17日間、熾烈《しれつ》な戦いが展開され、両軍合わせて3500人とも、

6000人とも言われる死者を出したと言われている。正確な人数が分かっていないのも、この戦争の激しさからなのだろう。

この戦いで明治政府軍の使用した弾薬は500万発を超えるといわれており、本来ではありえないが弾丸同士が正面からぶつかり合ってひとつになった、かちあい弾と呼ばれる状態になったものや、複数の弾痕が痛々しく残った家（復元）が、当時の凄惨さと、地獄のような光景を物語る資料として残っている。

また、期間のほとんどで雨が降っていたとされ、薩摩軍は旧式の銃を使用していたため、火薬が濡れてしまい、白兵戦《はくへいせん》での戦いを余儀なくさせる場面もあった。その流れ出る血液から、田原坂は真っ赤な血の川のような有様だったといい、今でも地面には血液がしみ込んでいるのかもしれない。

このような暗い過去を持つ田原坂には、不気味な噂が絶え間なく囁かれている。

・刀を打ち合うような金属音や銃の発砲音が聞こえてくる。
・大人数の兵隊が歩く音や複数人の呻き声が聞こえてくる。
・馬に乗った若い武者の霊が出没する。
・公衆電話に女性の霊や少年の霊が出没する。
・心霊写真が撮れる。

・大量の生首が目撃される。

――というものである。

主に出没するとされているのは、西南戦争で犠牲になった兵隊や軍人、流れ弾を受け死亡した戦争に関係のない住民などだという。なかには10代前半の若者も軍人として戦い、その多くが戦死している。

田原坂公園に設置された〝美少年の像〟その像とそっくりな霊が出るともされている。像のモデルとなった、実在の15歳の少年兵の想いが、深くこの地に刻まれ続け、霊という形となって現れたのだろうか。

七本官軍墓地

熊本県熊本市北区植木町轟《とどろき》、田原坂公園から車で5分ほどの距離の山沿いにある墓地。

西南戦争で死亡した政府軍の軍人、軍夫、警察官の約300名が眠っており、墓碑に埋葬者の名前や戦死した場所や日付が記載されている。墓地内には大きな木が生えており、その木の下にもご遺体が埋められている、という話がまことしやかに囁かれている。

官軍墓地は県内に複数あり、付近には七本柿木台場《かきのきだいば》薩軍墓地があるが、なぜか心霊の噂が聞こえてくるのは、この七本官軍墓地だけである。

そして、こんな噂が囁かれている。

・軍人の霊が出没する。
・兵隊の歩く音や戦っているような音が聞こえてくる。
・体調不良を起こす。

――というもの。

田原坂公園と同様に、田原坂で亡くなった軍人の霊が出るとされている。

双方の場所に金属音や発砲音が聞こえてくるのは、死してなお、彼らは田原坂で戦い続けているからなのかもしれない。


私が演出を手掛けたお化け屋敷に来てくれた、木林さんから聞かせていただいた話。

当時、高校生だった木林さんは、近くにある田原坂が心霊スポットだと聞き、夜にひとりで自転車を走らせた。

そのときは、ただただ怖い場所ということしか知らず、ここにどんな霊が出るのか、どんな怖い話があるのか、まったく知らなかったそうである。

とりあえず、手当たり次第に見て歩こうと散策を開始する。

公衆電話の辺りに近付いたとき。足になにかが絡み付くような、妙な感触があった。暗くて周りはあまり見えなかったが、なにか自分におかしな現象が起きているということは分かった。恐怖心からなのか急に身体が動かせない。いわゆる金縛りだったのかもしれない。

木林さんはどうすることもできず、立ち尽くしたまま目を閉じた。

どのくらいの時間が経っただろうか、車が近付いてくる音がする。

偶然、心霊スポット巡りをしていた人たちが来たらしく、その場で突っ立っている彼を見て、不審に思ったのか声を掛けてきてくれた。

その瞬間、今まで動かなかった身体が嘘のように自由になった。そして、今あったことをその人たちに伝え、足元をヘッドライトで照らしてもらうと。

足には赤くミミズ腫れのような無数の手形の跡が残っていた。

その後、車の人たちの親切で自転車ごと家に送ってもらったそうである。

木林さんは後日知ったことだが、田原坂の公衆電話は幽霊が必ず出ることで、かなり有名だったという。何度も公衆電話の撤去作業を試みたそうだが、その度になんらかのトラブルが起こり、なかなか作業が進まなかったそうだが、悲しいことに現在は撤去されている。

その他にも、田原坂には12~15歳の少年の幽霊が出るという噂があるが、西南戦争では少年兵も多く参加していたという事実があることから、その霊なのではないかと、木林さんは語ってくれた。

これも関係があるのか分からないが、このできごとがあった翌年、沖縄で海水浴中に足を鮫《さめ》に咬まれ、手形の付いていた方の足に大怪我を負ったという。

「配信中に奇妙なできごとが立て続けに起きたんです。しかも、何百人という視聴者さんが見ているときにですよ?」

そう話をしてくれたのは心霊配信者のKマロさんである。

彼は、相方のあ〜茶さんと一緒に九州地方を主軸に様々な恐ろしい場所を巡っている。

この夜もいつもと同様に、あ〜茶さんと心霊スポットへと車を走らせていた。目的地は七本官軍墓地である。事前に軽い打ち合わせを済ませ、墓地の駐車場に車を停めた。

時刻は夜の11時を回った辺りだった。夏だったこともあり、夜だというのにアスファルトから、むっとした熱気が上がってくる。

七本官軍墓地は今回が2回目の訪問となる。

着いたと同時にさっそく配信を始め、駐車場から官軍墓地を目指し歩いていく。辺りは木々が生い茂り、草や木の壁ができている。車1台分ぐらいがギリギリな道を抜けると、開けた場所に出た。目の前には辺り一面に石のお墓が立ち並んでいる。

墓といっても、霊園などによくあるような物ではなく、比較的簡素な造りの物である。腰の高さまでしかない石の杭のような物。道路などでよく見る境界杭とよく似ているかもしれない。それが一面にずらーっと広がっている。

その光景は昼間に見ると幻想的かつ神秘的に見えるかもしれないが、夜に見ると奇妙で陰気な雰囲気が漂っている。カメラを墓石の方へ向けて、リスナーさんからのコメントを読みながら相方と雑談をしたり、調査をしたりする。

そして、彼の配信で恒例となっている心霊検証をすることになった。

この日に使用したのは、スピリットボックスとトリフィールドメーターだった。

スピリットボックスはホワイトノイズをスキャンし、幽霊の声や音を聞くことができるとされている機器。そして、トリフィールドは電磁波測定器のことで、幽霊が電磁波を発しているという説や、怪奇現象と電磁波が関連しているという説から、幽霊探知機のような使われ方がされている機器である。

今回、スピリットボックスは特に反応を示さなかったが、トリフィールドは入口左手の場所で強い反応を示していた。

リスナーのコメントや相方との雑談を交えながらの配信はおよそ30分続いた。

そろそろ、この場所を後にしようかと相方に声を掛けるも、返事が返ってこないのもそうだが、まず姿が見当たらない。

「あ～茶、どこにいるの？　あれ？　さっきまで横にいたのにどこ行った？」

いくら墓地の中を探しても見当たらないし、リスナーも心配してくれていたので、一度車に戻ってみると、車内でスマホを弄《いじ》っている相方の姿があった。

「あ～茶どこに行ってんの？」

「え？　ずっと車で配信見てたけど？　だって、打ち合わせで今日は一人配信の一人検証やってて言ってたし」

彼は、まったく覚えていなかったが、相方が言うには道中の打ち合わせで、

「ひとりで今日は行くから来なくていいよ」

そんなことを言っていたらしい。

「でも、始めたときから隣にいたやろ？　声も聞こえてちゃんと会話してたよ？」

そんな会話をしている最中も、配信は繋がっていて、リスナーもふたりが話す声を聞いたと言っている。

しかし、肝心の相方は、車内で同じ配信を見ていたにもかかわらず、そんな声は一切聞こえていないという。そして、配信中に現場に凸《とつ》ってきた視聴者さんがいたのだが、その人によるとあ～茶さんは、ずっと車内にいたと証言している。

では、彼は一体誰と話をしていたのか、そしてリスナーは誰の声を聞いていたのだろうか？

そんなことを考えると、途端に背筋が寒くなった。

また墓地の方へと戻り、他に異変がないか確かめていると。

「マロさーん、ちょっと来て来て！　大変だよ‼」

凸ってきた視聴者さんが急に興奮したような声で叫んでいた。

それを聞いて彼も車の方へ走り寄っていく。

視聴者さんは車の傍に立ち、後部座席の窓を指差していた。

「マロさん、窓に手形が……」

おそるおそる、窓を見にいこうと近付いたとき。

車の後部座席の辺りから、短パンを履いた小学校低学年くらいの男の子が現れた。まるで車のドアをすり抜けて現れたように見えた。その光景に驚愕していると、そのまま走って林の闇に消えていったという。

突然のできごとにビクビクしながらも、窓ガラスを確認してみると、小さな手形が2つついていた。生まれたての赤ん坊くらいの小さな手形だった。さっき現れた謎の男の子のものだとしても、明らかに大きさが合わない。拭き取ろうとすると内側から付けられていた。

なんとも言えないチグハグ感が気持ち悪くて、この後に行く予定だった田原坂公園は急遽《きゅうきょ》取り止め、そのまま帰宅したそうだ。

一連のできごとのほとんどは配信中に起こったことで、リスナーも相方の声を聞いていることを考えると、ただの聞き間違えや空耳とは到底思えない。

「多分なんですけど、七本官軍墓地に行く前から呼ばれてたんだと思うんです。直前の打ち合わせを忘れるっていうのも変ですし、そもそもひとりで行くって僕から言い出したみたいなんですよ。実はあれからも二度、この場所に行ってるんですけど、毎回なにかしらの現象があるんですよね」

子どもの手形がついた窓を写真に撮ったところ、霊能力者に「逆さまの女が写っている」そんなことを言われ、またゾッとしたという。

「七本官軍墓地って兵隊の霊が出るって、よく言われるんですけど、子どもの霊も出るって話があるんです。もしかしたら、亡くなった兵隊の子どもだったりするのかな？　なんて思うんですよね」


夜に訪れると心霊スポットだと言われているが、現在の田原坂は昼に訪れると綺麗な花々が咲き誇る公園として整備されている。

貴重な資料が展示され、音声や映像を通じて分かりやすく西南戦争が解説されている田原坂西南戦争資料館、西南戦争で命を落とした１４０００人もの方々を追悼する慰霊碑、当時の悲惨さを現在に伝える弾痕の家など。

平和の尊さや、歴史を学ぶことができる大切な場所となっている。

秋田県

男鹿〇〇〇〇ホテル《おが〇〇〇〇ほてる》

左／道路沿いから見えるホテルの様子。普通に通行していても、この異様な佇まいの廃墟につい目を奪われてしまう。
右／ガラスは一枚残らず割られていた。

秋田県北西部に位置し、日本海へと突き出た男鹿半島。元々は単独の島だったものが、時間の経過により徐々に隆起していき、本州と陸続きになったのだとか。

また、なまはげは男鹿半島の伝統行事である。男鹿半島内にはなまはげ館という施設や、ナマハゲ伝導士認定試験という毎年メディアで報じられる人気試験もあり、地域おこしに一役買っているようである。

この神秘的な半島の某所に、秋田県随一との呼び声高い巨大幽霊ホテルの〝男鹿○○○ホテル〟が存在する。

男鹿半島の某温泉街の高台に、街並みを見下ろすように不気味に佇む巨大廃墟。

延べ床面積約4100平方メートル、地上4階と地下2階の6階建て。1969年に開業。1975年もしくは1981年に閉業（経営不振）。

元は政府登録国際観光旅館で日本海を見下ろすことのできる絶景が人気だったようだが、もう既に築55年は経過しているその外観は、数多《あまた》の訪問者たちに破壊しつくされ、見るも無残な姿となっている。

心霊とは関係ないため詳しくは書かないが、1974年某月に女性を人質に取り、ホテル内に立てこもるホテルジャック事件があったことでも知られている。犯人は収監中の囚人を解放しろ、ヘリコプターを用意しろ、と様々な要求をしていたようだが、警察署長の活躍により、人質も無事に解放され犯人は逮捕されたようだ。

この場所には次のような噂が流れている。

・地下の一室が、1983年に起きた日本海中部地震の遺体の一時保管所になった。
・1999年7月に3階で焼身自殺の遺体が発見された。
・経営者が自殺した、大浴場で泥酔客が溺死する事故があった。
・3階の窓から手を振る女が目撃され、3階で音声録音すると変な声が入る。
・地下にある赤い椅子に座ると、必ず死んでしまう。

――などがある。

日本海中部地震は、今から41年前に起こった地震で、マグニチュード7・7の大地震が日本海側の東北地方を襲った。秋田県は地震で4人、津波で79人の計83人が亡くなった。

その当時はホテルが閉業になって間もないので、遺体の一時保管所にするにはうってつけの場所だったのではないかと思われるが、実際にそのようなことがあったか確認できる文献は見つけることができず真偽は不明のままである。

また、この幽霊ホテルで一番、霊が目撃されているのが3階だという。

ホテル前の道路を通っていると、3階の窓からこちらへ手を振る女が目撃され、実況しながら音声録音をしている人が3階に上がった途端「来るなぁぁあああ」という男の怒声《どせい》が録音されていたとも。そして、このフロアから焼身自殺の遺体が見つかったとも言われている。

1998年の新聞記事には、「約10年前から死体が転がっているなどの噂が広がり、肝試しに来る若者の騒音問題などに迷惑している」という旨が掲載されており、このときはあくまでも噂と表記されていたのだが……。

2010年の新聞記事には、「廃墟の老朽化や、肝試しとして侵入する観光客に手を焼いている、過去にボヤ騒ぎや、自殺とみられる人の遺体が見つかったこともある」として、噂ではなく、実際にあったこととして言い切られている。

これが焼身自殺の遺体なのかは不明だが、遺体が見つかったこと自体は事実のようである。

そして、焼死体が見つかったとされているのが1999年なのだが、ちょうどふたつの新聞記事の間の期間に当てはまっている。これは単なる偶然なのだろうか？

地下にあるとされている赤い椅子の話も、絶えず囁かれている噂のひとつである。この椅子に座った者が事故に遭った、自ら命を絶ったなど、様々なバリエーションが語られている。

また、某著名霊能力者が、この地に残る強い怨念を察知し、入るのを拒んだという話も。

その他の事件事故の噂は裏付けを取ることはできなかった。

建物にアスベストが使用されているという話もあり、心霊的ではなく、そういう面でも恐ろしい場所である。

田中さんが、幽霊ホテルに肝試しに行ったときの話である。

深夜2時を回った辺りに目的地である地元の幽霊ホテル。

通称〝男鹿〇〇〟に着いた。

メンバーは彼を含めた合計4人で不気味な雰囲気を醸し出している建物へと近付き、バリケードが破られている場所から中に入っていく。

地下と地上を合わせて6階建てにもなる巨大廃墟である。

最初に1階から順番に見て回り、次は2階、そして3階と探索していった。

3階を見ている最中、友人のひとりが「気分が悪い」「体が重たい」などの不調を訴えるようになっていった。

あまりにも具合が悪そうだったので「もう今日は帰ろう」ということになり、みんなで引き返すことに。

車に乗り込み家路を急いでいたとき。

――バンッ！

車内に大きな音が響いた。まさか事故ったたか？

乗っていた友人たちも一体なにが起こったのか分からなかった。

誰かに車を叩かれたような、なにかにぶつかったようなそんな鈍い音。

そして、体調の悪い友人を送り届けたとき、彼が座っていた席の窓ガラスに、赤い手形が一つ大きくついていた。車内に悲鳴が響き渡った。

だが、拭き取る勇気もなく、どうすることもできないまま別の友人宅まで車を走らせた。

友人宅に着いて、再び手跡を見ると、跡形もなく綺麗に消えている。

さっき見たときはあんなにしっかり付いていた手形だったが、雨が降ったわけでも、誰かが拭き取ったわけでもないのに……。

その後、再び手形が現れることは二度となかったという。

愛知県

旧伊勢神トンネル《きゅういせがみとんねる》

上／今ではすっかり整備されてトンネルが綺麗になり、明るい照明も付いているのだという。
下／旧伊勢神トンネルの入口。峠道にぽっかりと開いたトンネルは、まるで口を開けて獲物をまっているような、そんな雰囲気を感じる。

愛知県豊田《とよた》市、標高780メートルの伊勢神峠は、古くから飯田《いいだ》街道の難所として知られており、多くの中馬《ちゅうま》（馬の背を利用した運送業）や善光寺《ぜんこうじ》巡りの人々が歩いたとされている。

明治期に標高705メートル地点に正式名称「伊勢賀美隧道」が開通した。

1897年竣工。延長308メートル、幅3・2メートル、高さ3・3メートル。

今までは人馬の往来しかできなかった危険な峠道を、荷馬車が通行できるようになり、安全に速く物資を輸送するのには欠かせない交通の要衝であったという。

しかし、時が経過し自動車が普及すると、車の行き交いや大型車の通行には不便となっていった。そして、1960年に広く走りやすい伊勢神トンネル（開通当時は有料）が開通したことで、旧トンネルが使用されることが徐々に少なくなっていき、山奥にひっそりと佇む明治期の煉瓦造りという見た目の雰囲気もあってか、通称〝旧伊勢神トンネル〟と呼ばれ、愛知県一の幽霊トンネルと言われるまでになった。

しかし、廃道になり封鎖された、というわけではなく現在も現役のトンネルであり、近年では意外な使い方をされ注目されている。

それは、世界ラリー選手権ラリージャパン2022、2023のコースに旧伊勢神トンネルが選ばれたことである。ラリーとはサーキットではなく一般公道を使用したモータースポーツのこと。2022年の初使用時はトンネル内に白い霧が掛かり非常に危険な状態に、1台が出口直後のコーナーでクラッシュ、また別の車両がトンネルから6キロ先で炎上したという。

2023年のラリーでは3台が同じ場所でクラッシュやコース外の転落という不運に見舞われたという。それがすべて伊勢神トンネル11・81キロ地点だったのである。

この一連の事故の原因が旧伊勢神トンネルの呪いが関係しているのかもしれない。

そんな、旧伊勢神トンネルには絶えずこのような心霊の噂が囁かれている。

・女性、子ども、工事作業員の霊が出没する。
・トンネル工事が難航したため、人柱を埋めた。
・すすり泣く声や呻き声が聞こえてくる。
・旧々伊勢神トンネルが存在し、そこがさらにヤバい。
・伊勢湾台風で亡くなった白い着物の女性の霊が出没する。

——というものである。

実は旧々伊勢神トンネルがあるという噂や伊勢湾台風で亡くなった人の霊が出る。というのがこの場所でよく語られているものだ、旧々トンネルが実は隠れた場所に存在しているというが、あくまでも都市伝説の域は出ないだろう。

車やバイクが大好きな清志朗さんから聞かせていただいた話。

今から10年前、当時働いていた物流センターで知り合った友人3人と肝試しに出掛けた。

先輩は愛車のアルトワークスを軽快に乗りこなし、旧伊勢神トンネルへと走らせる。

車内では別の先輩の恋愛話に花が咲き、今から心霊スポットに行くという雰囲気は微塵もないくらい笑いに包まれていた。

いざ、到着すると、現場は一気に緊迫した空気が張りつめた。懐中電灯を手にトンネル内の探索を始める。

水たまりに気を遣いながら進んでいると、次第にトンネル内の冷気に身体が冷やされ、背筋が寒くなってくる。その瞬間、先輩の大きなくしゃみがトンネル内に響いた。それに一同ビクッとしたあと、ドッと笑いに包まれた。

そして、なにごともなくトンネル出口に到着。そして、Uターンしてまた歩きはじめる……。

トンネルの中ごろまで来たところで、後ろから自分たちのものではない足音がする。それも一人二人ではない、複数人のもの。

ザッザッザッザッザ……

なにも言わないが、みんなも気付いているようだった。歩くペースが徐々に速くなっている。

それにつれて後ろの足音も速くなってきて、もう追いつかれる――。

ザッザザッザッザザッザ…。ズザザッザッザッザッザ思い切って振りむいた、誰もいない。
もう耐えられなかった。
「南無阿弥陀仏、南無阿弥陀仏、南無阿……」
とにかく知っているお経を唱えながら走っていた。
出口が見えてきた。あと少し、走って、走って、息も絶え絶えに車へとたどり着いた。
帰りに、地元の厄払いの神様である猿投《さなげ》神社に参拝してから帰ったそうだ。

福岡県

旧仲哀トンネル《きゅうちゅうあいとんねる》

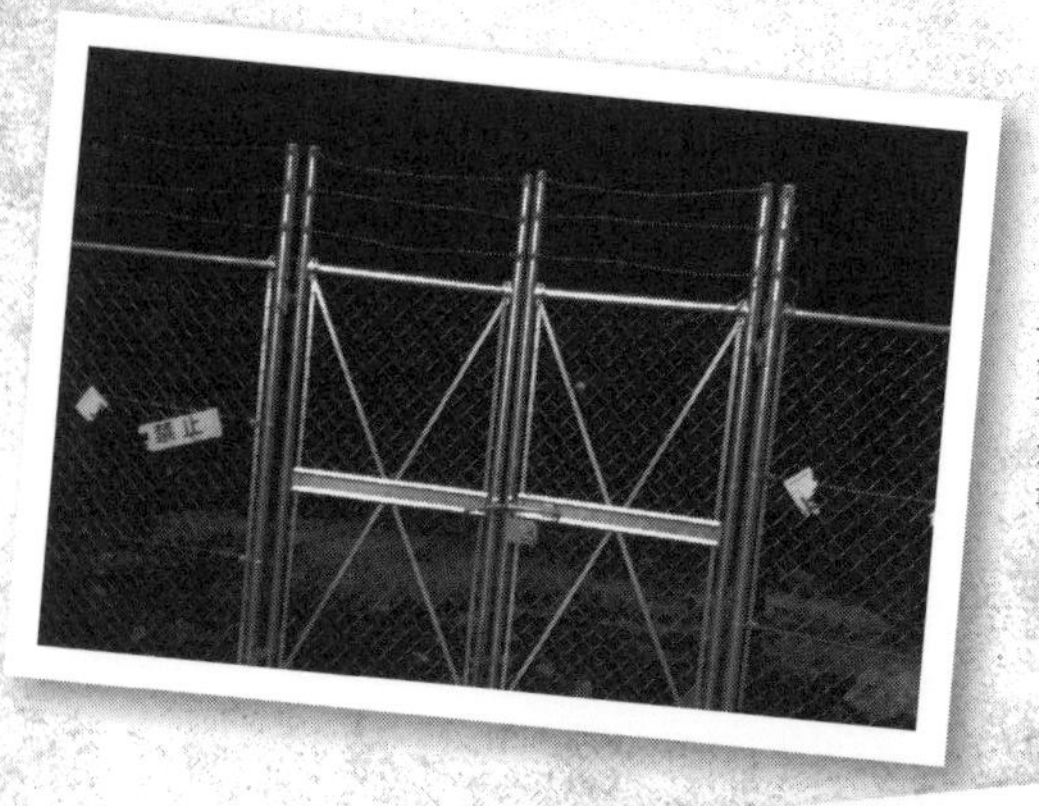

上／一応フェンスは設けられているが、なぜか鍵は掛かっていなかった。
下／旧仲哀トンネルの入口。このトンネル内で世間を騒がせた凄惨な事件があったのだという。

福岡県京都郡《みやこ》みやこ町と福岡県田川郡香春町《かわらまち》にまたがるこの峠は、第14代天皇の仲哀天皇が熊襲《くまそ》征伐の際に通ったことから仲哀峠と呼ばれている。

ここには3世代に渡って3つのトンネルが存在している。

現在も通行できる、2007年に開通した新仲哀トンネル（3代目）。現在は拡幅工事中で通行できない、1967年に開通した新仲哀隧道（2代目）。そして、現在は完全封鎖されている、明治期に開通した仲哀隧道（初代）である。

この初代の〝仲哀隧道〟は、通称〝旧仲哀トンネル〟とも呼ばれ、日本屈指の心霊スポットである旧犬鳴トンネルをも凌ぐほどの恐ろしい場所だと言われている。

1884年2月着工、1889年7月竣工、1890年10月開通。1929年拡張工事。延長432メートル、幅5メートル、高さ5メートル。※拡張工事後の数値。

国登録文化財にも指定されている、このトンネルが心霊スポットと言われている所以、それは戦後最悪の連続殺人事件「西口彰《にしぐちあきら》事件」の殺人現場となってしまったからだろう。

1976年に刊行された『福岡犯罪50年史 戦後編』によると、西口彰は1963年10月から1964年1月のわずか4ヶ月間で強盗殺人5件、詐欺14件、窃盗2件もの罪を犯している。そのなかの2件目の強盗殺人が旧仲哀トンネルの中で行われているというのである。

殺害方法は非常に残忍。車に同乗し、ちょうど旧仲哀トンネル内で車がすれ違い待ちで止まっている間に、運転している被害者を包丁で刺した。包丁が壊れてしまったので、今度は手鉤で頭を滅多打ちにし、両手を縛り上げて田川郡香春町の田んぼに捨てた、という旨が記載されている。

犯行の動機は借金の返済と、好きな女に使うお金欲しさという自分勝手な理由だった。その後、西口彰は全国を転々としながら罪を重ね続け、数万人の警察官を翻弄するが、指名手配書の顔を覚えていたひとりの少女に偽名を見破られ逮捕に至ったという。

この凄惨な殺人事件のイメージが、心霊スポットとなってしまった大きな理由だと推測される。そして、もうひとつの理由に過去に起きた爆発事故が関係しているのかもしれない。

1957年8月に工業火薬協会から出版された『工業火薬協会誌 第18巻 第3冊』には1928年6月25日に、旧仲哀トンネル内で、爆薬に逃げ遅れた1名が亡くなっている、と記録されている。おそらく時期的に考えると拡張改修工事中の事故だろうと思われる。

そして、この心霊スポットには次のような噂が囁かれている。

・バスの転落事故が起き、何十人も亡くなった。
・首なし地蔵に触れると祟られる。
・大量の狐火が行列になって現れる、狐の嫁入りが目撃されている。
・公衆電話（撤去済み）に女性の霊が出没する。
・付近の鉄塔や森の中が首吊り自殺の名所になっている。

――というものである。

過去にバスの転落事故が起きたとされ、その犠牲になった何十人もの霊が出る、というのがこの場所に絶えず囁かれている話だが、そんな事故が存在したのか真偽は不明である。ただ、道中は七曲峠《ななまがりとうげ》という急カーブが連続する細い道路が続くため、可能性は十分にありそうだと感じた。しかし、新聞や文献から探し出すことはできなかった。

九州にお住まいの妖怪が大好きな、いちさんに聞かせていただいた。

数年前の夏の終わりごろ。友人の運転する車で旧仲哀トンネルへと向かっていた。

時間は深夜近く。もちろん目的は肝試しである。彼らは以前に九州最恐と謳われる旧犬鳴《いぬなき》トンネルにも訪れたことがあり、それなりに心霊スポットも行った経験も豊富だった。

現地へ到着すると、トンネル入口には立ち塞がるように金網が設置されている。それをなんなく乗り越え、スマホの光を頼りに暗闇のトンネル内へと足を踏み入れた。

トンネル内の空気は湿気を帯び、肌に服がべっとりと張りついて気持ちが悪い。

いちさんがこの場所に起こる怪異の噂を友人に語りながら歩いていると、友人はしきりに首のあたりを触るような仕草をしている。

「さっきからさ、首に変な違和感あるんだよね」

いちさんの視線を察したのか、聞いてもいないのに笑顔で答える友人は、いかにも平静を装っているように見えた。

奥へ進むにつれて、友人は首を撫でたり、左右にひねるような仕草を繰り返す。しまいには、はぁはぁ、という荒い息遣いが隣から聞こえてくるようになった。

「ごめん……なんか息苦しくなってきた」

さすがに嫌な予感がしたいちさんは友人の手を引いて来た道を急いで戻り、停めてあった車に乗り込んだ。

それでも、友人の呼吸は落ち着く気配がない。

とにかくこの場をすぐに離れた方がいい。そう感じ、車を発進させて峠の麓にある小さな集落まで下っていった。

下りきるころには、友人の呼吸も落ち着きを取り戻しはじめていた。

「もう体調は大丈夫か?」

「まぁ、今はだいぶマシになったわ、ありがとう」

本当によかった、そう安堵のため息を吐いたとき、友人の首元に目線が留まる。

黒く、細長いなにかが絡みついている。

指で掴み、引き上げようとした瞬間。いちさんは悲鳴を上げた。

それは髪の毛だった。異常に長く、1メートル以上はありそうな黒い髪の毛。

これが3本、友人の首に巻き付いていたのだ。まるで首を絞めつけるかのように。

恐怖に駆られ、指に絡んだ毛を、開けた窓の外へと振り落とした。

いちさんも友人も短髪である。トンネルに行くまでに誰かとすれ違うことも、直近で車に長髪の人を乗せた覚えもない。ましてやこんな長い髪の毛をした人など……。

ふたりで恐怖に震えていると、突然、コンコンと車の窓が叩かれる音がした。

外には白髪交じりの老人が、こちらを不審そうに覗き込んでいる。

「こんな時間に何をしてるんや」

老人は集落の住人で家の近くで騒いでいるのを聞いて、様子を見にきたのだという。

トンネルでのできごと、長い髪の毛のことを話すと、老人の表情が一瞬曇った。

「それは〝ぬれじょ〟やろうな、このへんには昔からよう出るんじゃ」

話を聞くと、それは男性にだけ取り憑く妖怪のようなモノだという。

「もうトンネルには近付かん方がええ」

そう言い残して、老人は立ち去った。

いちさんたちはその後、無事に帰宅できたそうだが。

〝ぬれじょ〟というのは、上半身は長髪の女で下半身は蛇の妖怪〝濡れ女〟のことではないか?

そう、いちさんは推測しているという。

名前の類似、あの長い髪の毛、どちらも濡れ女の特徴に一致している。

そして、いちさんが〝濡れ女〟であろうと思った最大の理由がもうひとつある。

翌日のことだ。

昨夜一緒に行った友人がバイト先から帰宅し、テレビを見ようと自分の部屋のベッドに腰掛けようとしたときのこと。テレビの前に置かれたローテーブルの横に、うねうねと蠢く物体があった。最初はテレビのコードか何かかと思ったが、違うと分かりぎょっとした。

それは蛇だった。見たこともないような光沢の黒色をしている。

慌てた友人だったが、なんとか窓から外にそれを放り出した。

友人宅は団地の5階にあり、野生の蛇が侵入することは考えづらい。近隣で蛇を飼っている人がいたにしても、逃げ出したそれが部屋に侵入してくるとは考えづらい。

結局、外に放り出した蛇のその後も分からず、近所で話題になることもなかったという。

蛇と〝濡れ女〟の関係は分からないが、彼らは今も懲りずに怪異を求めて心霊スポット探索をしている。

大阪府

永楽ダム《えいらくだむ》

上／駐車場にある公衆トイレ。駐車場で焼身自殺があったという噂だが、一体どこらへんで行われたのだろうか？痕跡は特に見つからなかった。
左／昼間は景色が綺麗な観光名所だが、夜になると……。
下／永楽ダム。春には桜まつりで大賑わいになるのだという。

春の訪れとともに、ダム湖畔に咲く永楽桜は、その数が数百から千にも及ぶと言われ、一斉に花開く様子は、見るものを魅了してやまない。夜にはライトアップが行われ、永楽桜まつりは毎年大阪全域から多くの人々が訪れる一大イベントである。

ダムに隣接する永楽ゆめの森公園は、広大な敷地内に複数の大型遊具や大阪府最大級の滑り台まで備えた、子どもたちが思う存分遊べる場所だ。週末や祝日には駐車場が埋まり、車が列をなすほどの大盛況ぶりである。山々に囲まれた壮大な自然が広がり、天気が良ければ山上の展望台からは大阪湾や関西空港を望むことができる。ハイキングや散歩を楽しむ高齢者の姿も多い。

そして、ダムを中心に奥山雨山《おくやまあめやま》自然公園が整備されている。地道に桜の植樹活動を行ってきた結果、大阪みどりの百選や水源の森百選にも選定され、年間10万人の行楽客が訪れているという。

大阪府泉南郡熊取町《くまとりちょう》の永楽ダムは1965年に着工、1968年3月に竣工した見出川《みでがわ》水系見出川の上流に位置する直線重力式コンクリートダムである。このダムは熊取町の灌漑《かんがい》用水と上水道水を確保するために作られており、地元の生活には欠かせない施設である。

そのような緑溢《あふ》れる美しい場所でも、夜になると心霊スポットになるのである。

他のダム系心霊スポットが古くて暗い印象を与えるのとは対照的に〝永楽ダム〟は明るくて楽しい市民の憩いの場所として知られている。

それにもかかわらず、ここには確実に怪奇現象の噂が蔓延《はびこ》っている。

・ダムから苦しそうな呻き声が聞こえてくる。
・ダム周辺を車で走っていると、後ろから笑い声が追いかけてくる。
・駐車場で焼身自殺をした人の霊が出没する。

――というものである。

焼身自殺が出たことで噂されるようになったと思われるが、実際にあったかというと真偽は不明である。国立国会図書館の関西館で、当時の新聞記事が残っていないかと探してみたが見つけ出すことはできなかった。必ず新聞に載るわけではないので、それだけで否定はできないが、信憑性は薄いかもしれない。

その他に心霊現象が起こっている理由を考えるとするならば、周囲を取り巻く環境に問題があるのかもしれない。ダムから3キロほどのところに火葬場（熊取町営斎場）があること。過去に一世を風靡した最恐心霊スポット「皆殺しの館」が、ダム近くの阪和自動車道沿いにあったこと。すぐ隣に南北朝時代や戦国時代に激しい争乱があった雨山城跡があることだろうか。

私と同じくお化け屋敷などホラーイベントの制作をしている、伯虎座《はくとらざ》の大河虎之介さんからこんな話を提供していただいた。


この日、大河さんは心霊系ＹｏｕＴｕｂｅｒと一緒に、大阪屈指の心霊スポットとも言われている永楽ダムへとコラボ撮影に来ていたという。

深夜、ダムの駐車場に車を停め、簡単に車内で撮影の段取りをしていた。

さぁ、いよいよ撮影を始めよう！　そう思い車を降りたとき。

カンッ、カランコロンッ……。

真っ暗闇からこちらに向かってなにかを投げつけてくるような音がした。

え、なんの音だろう？　よくよく耳を澄ましてみると、金属の塊《かたまり》のような物が地面にぶつかって転がるような音がしている。

一緒に来ていたホラーアクターの女の子やＹｏｕＴｕｂｅｒにもその音は聞こえていて、なんだこの音、そういう感じでみんなで辺りを見回していると。

ＹｏｕＴｕｂｅｒが音の聞こえてくる方向――鬱蒼《うっそう》と茂った山林を指差して言った。

「あのっ、実はそっち側に墓地がある……みたいなんですけど」

なにかを投げる音が響いてくる方向は墓地の方からだという。

一体誰がこんなことを？　とライトで照らしてみるのだが、木々があるばっかりで、人の姿はもちろん音の源も見当たらなかった。

実は、この駐車場も女性の焼身自殺があったとされている場所である。

まるで何者かが、ここへ来るな、そう自分たちに警告しているような、そんな雰囲気を大河さんは感じ取ったそうだ。しかし、ここで帰るわけにはいかない。

企画の流れから、メインである永楽ダムへ大河さんひとりで検証に行くことになった。

ライトが役に立たないほどの深い闇の中をカメラに向かって実況しつつ、霊に問いかけながらひとりで歩を進める。

進むにつれて風が強く、そしてひんやりと冷たくなってくる。

ダムの堤の中央辺りに来たとき、

「ねぇねぇ……」

耳のすぐ傍で間違いなくはっきりと聞こえた。

小さな女の子の囁くような声、吐息が伝わってきそうなほど近い距離。

咄嗟に周囲を見渡してみる、がそこには誰もいない。


その検証の後、アクターの女の子が突如として左足の痛みを訴え始めた。足先からなにか得体の知れないものが必死に這い上がってこようとしている、と訴え続ける。

明らかに尋常ではない様子に「どうしようか」と相談していると、そういった感性の強い伯虎座代表のＮＩＩＮＡ《にぃな》さんにテレビ電話をして、指示を仰ごうということになった。

電話がつながり、アクターの女性が足に痛みがあることを伝えると、

「私も今な、左足がめちゃくちゃ痛いんやけど。なんか小さい女の子が両手で掴んでる感じがすんねん」

永楽ダムに来ていること含め、状況をまったく話をしていないのに、ＮＩＩＮＡさんはアクターの女性が訴えるのと同じことを話したという。小さくてかぼそい指が、必死になってしがみついている感覚がある、と——。

ダムでの検証もひと通り終わり、駐車場の公衆電話で最後に検証をしようとなったとき。暗闇から、ダッダッダッダッダと、誰かが歩いてくる音がした。

そちらへライトを向ける。しかし、そこにはなにもいない。すると、その足音の方向から、無数の金属片を投げつけるような音が聞こえてきた。しかも、さっきとは比べ物にならないほどの数、そして明らかに悪意を持ったものと思われる。

さすがにこれ以上、この場に滞在するのは危険とＹｏｕＴｕｂｅｒが判断し、帰ろうということになったという。

大河さんいわく、「耳元で囁いた女の子は悪い子じゃないんだけど、駐車場のはね……」

この地には怨みに満ちた無数の霊が、訪れる人間を今か今かと狙っているのかもしれない。

北海道

ビビリ神社《びびりじんじゃ》

左／この鳥居がもたれかかった岩が、祟りを起こす?と言われているという。
右上／田舎道を走っていると、こんな白い看板が目に入る。これがビビリ神社の目印である。
右下／境内のトイレ。意外にも中はしっかりと手入れがいきわたっており綺麗であった。

北海道南部に位置する函館《はこだて》市石倉町《いしくらちょう》に、通称「ビビリ神社」と呼ばれ、自分の度胸を試すことができるとされる心霊スポットがある。

正式名称は「正一位石倉稲荷神社 奥の院」という。函館市内の心霊スポットのなかでも群を抜いて恐ろしいことで知られており、私が3月後半に訪れたときには、まだ夜はかなり冷え込む時期にもかかわらず3組もの訪問者とバッティングするほどの人気っぷりだった。

この場所には、触れると災いが降りかかるという「祟りの岩」もある。

函館空港近くの名もなき田舎道を走っていると、正一位石倉稲荷神社という白い看板が見えてくる。その傍にある木々を縫うような狭く細い脇道を少し進んでいくと、途中、しめ縄がされた2つの大きな岩が見え、さらに進むとひらけた駐車場と真っ赤な鳥居が現れる。

ここがビビリ神社と呼ばれ、函館市民の定番の心霊スポットになっているようである。

この神社にはこんな噂が伝わっている。

・老婆の霊や犬の霊が出没する。
・鳥居の傍に首が浮かんでいるのが目撃されている。
・車に手形がつく。
・狐に化かされる。
・本殿の傍にある大きな岩に触れると祟りがある。

――というものである。

ここで特によく聞かれるのは「祟りの岩」に纏わる話である。

ふざけて本殿の傍の岩に触れた人が帰り道に事故に遭った、触れた人の車に大量の手形がついていたというものである。帰る際も注意しなければならない、なぜなら入口付近で祀られている岩の方を振り返ってはいけないとも言われているからだ。

神社名の〝石倉〟からも分かるように、おそらくは巨石に神仏が宿ると考えていた磐座《いわくら》信仰があった場所なのだろう。この場所に限らず、ふざけた気持ちで御神体に軽々しく触れるような行為をする者には祟りがあっても仕方がないのかもしれない。

またこの神社は「奥の院」である。ここから車で5分と掛からない海岸線の国道278号線上には、蝦夷地三大稲荷に列せられる石倉稲荷神社が本宮である。

ビビリ神社、もとい、正一位石倉稲荷神社 奥の院の現地に掲げられた由緒書きには、およそこんなことが書かれている。

創立は1647年、京都伏見稲荷《ふしみいなり》大社よりご分霊を勧請。石倉山に小祠を設け銭亀沢村《ぜにがめざわむら》々中の鎮守神として奉祀された。

1998年2月に刊行された『函館市史 銭亀沢編』におよそこんなことが書かれている。

1804年から1818年に京都伏見稲荷大社から勧請を受け、字石倉沢に小祠と拝殿などがあった。村民が協議した結果、漁業の発展を祈って、居住区近くの沿岸部に遷座。なぜか年代が異なるが、おそらく山にあった奥の院を海沿いに移動させたようである。

ちなみに正式名称の前半に付いている、正一位というのは神社の神様の位のことで、正一位は最高位の神階である。しかし、正一位を授かっている神社は全国に数多とあるうえに、伏見稲荷大社が正一位のため、伏見稲荷大社から勧請を受けた神社は正一位を名乗ることができるそうである。

ではなぜ「ビビリ神社」と呼ばれるか、色々と調べてみても通称の由来も、心霊現象が起こる理由もよく分からずじまい。名前に関しては行った人がみんなビビってしまうから、みたいな安直なものだと思われる。

たしかに山林の中にぽつんと存在しており、単なる肝試しとしてなら雰囲気はバッチリである。しかし、神社自体は廃れているということは一切なく、しっかりと手入れや整備がされており、現在も信仰が続いている様子が分かる。

筆者は3月後半の深夜1時ごろにこの場所を訪れた。日中は徐々に暖かくなってくるこの季節は幽霊よりも数段恐ろしいアイツが目覚める季節でもある。そう、ヒグマである。

冬眠明けのヒグマはお腹を空かせているため、特に危険だと言われている。

さらに北海道は、ヒグマとの共存や住み分けという方向性から、積極的な駆除はせず、近年は生息数が増加の一途を辿っているという。

正直な話、北海道での心霊スポット探索は霊の恐怖よりも、ヒグマへの恐怖の方が強い。

熊避け鈴、火薬銃、熊スプレー2本の重装備で私は探索へと向かった。

真っ赤な鳥居をくぐり抜け、なだらかな階段を上っていくと、これまた真っ赤な本殿が現れる。その左脇の小道を進めば、私と同じ背丈くらいの鳥居がもたれかかった、大きな岩が鎮座していた。これが祟りの岩とされているもののようである。

触ると祟られる、と言われれば触ってみたくなるのが生粋のオカルトマニアである。兵庫県の夫婦岩やら呪いの木やら、触ってはいけないものは今まで沢山触れてきている。

特に囲いがあるわけでも、注意書きがあるわけでもないので、遠慮なく触れてみた。

冷たくて固い……。特になんの変哲もない大きな石だった。

触ってすぐも、1週間経っても何も起こらなかった。

江戸時代の怪談本『稲生物怪録《いのうもののけろく》』に登場する祟りの石は、稲生武太夫《ぶだゆう》が印をつけた2ヶ月後に毎晩のように物の怪が現れたというから、まだ怪異への希望はあるかもしれない。

あの岩に触れてからもう少しでちょうど2ヶ月だが、これから私の身に災難が降りかかるだろうか？

北海道

立待岬《たちまちみさき》

危険
通行禁止
この先、落石の恐れがありますので注意して下さい。

立待岬

左／立待岬から眺める景色。観光名所になるだけあって絶景である。
右上／この通行禁止の先から、ぞろぞろと警察官が出てきた。おそらく崖下に繋がっていると思われる。
右下／立待岬の石碑とのツーショット。

北海道函館市住吉町《すみよしちょう》にある「立待岬」は函館山の南東に位置し、津軽《つがる》海峡に面した断崖絶壁の岬である。天気が良ければ、青森県の津軽半島や下北半島の雄大な景色を見ることができる函館の人気観光スポットとなっている。

しかし、立待岬への道中には函館市営の共同墓地があり、夜に行くとヘッドライトに照らされ、道の両側にずらっと立ち並ぶ墓石の雰囲気に尻込みしてしまうかもしれない。

そして立待岬自体も自殺の名所と言われており、先ほどの両側が墓に挟まれた道路も相まって、ここは霊道となっているのではないか？　と推測され、心霊スポットだとも言われている。

ちなみにこの市営墓地には石川啄木《いしかわたくぼく》と、その一族も眠っているという。

立待岬にはこんな噂が囁かれている。

・女性の霊が出没する。
・海から出てくる大量の手に足を引っ張られる。
・普通では行けないような崖に立つ女が目撃されている。
・心霊写真が撮れる。

――というもの。

自殺の名所らしく、語られている噂も自殺に関係していると思われるものが多い。

真偽は不明ではあるが、母子の入水自殺、車のまま海に突っ込んだ一家心中、乱暴された女性が岬に放置される、などの事件事故があったとネットでは噂されている。

書籍に残っているものだと、1984年に刊行された『学習資料北海道近代のあゆみ 民衆の歴史を学ぶ』に慰安婦を強要された朝鮮人女性の集団自殺が立待岬で行われたとある。

1938年に田中貢太郎《たなかこうたろう》が著した『新怪談集 実話編』には立待岬で自殺をした男女の怪談話が紹介され、1934年に山本精一郎が著した『霊感の脅威』には十数年間毎年のように立待岬で投身自殺があり、有名な自殺の名所である、ということが記載されている。

年中自殺が絶えないというのは紛れもない事実のようである。

ここで亡くなった人々のやりきれない悔しい思いが、この地に次の自殺者を呼び寄せ、あの世へと誘っているのかもしれない。それとも、楽しく観光している旅行者を見て、自分の境遇との違いに嫉妬し、海底へと引きずり込んでいるのだろうか。

現地の説明看板によると、その見渡しの良さから江戸末期には台場（砲台）が築かれ、第二次世界大戦中には要塞が置かれたといい、守りの要となっていたそうである。

そういった、物々しい過去もこの場に囁かれている心霊現象や自殺が多発している原因に何か関係がありそうだ。

筆者がこの場所へ訪れたとき、最初に目に入ったのは数台の警察車両だった。

パトカー3台に、鑑識の車両だと思われるミニバンである。

普段は明るい声が絶えないはずの観光地にもかかわらず、その日は只ならぬ雰囲気に包まれ、何か良くないことが起こったのは明らかだった。

忙しそうに動き回っている警察官の邪魔をしないように、何があったのか聞き耳を立てていたが内容は聞こえてこなかった。

通行禁止になっている崖の方から、深刻な表情をした数名の警察官が現れた。そして、10人以上の警察官が集まって何やら話をした後、車に乗り込むと帰っていった。

何があったのかは分からずじまいだが、また自殺があったのではないかと推測している。

静岡県

○○神社《○○じんじゃ》

上／夜だと、何かが出そうな不気味な雰囲気が漂っている手水舎。
下／かなり古い石灯籠らしく、有形文化財に指定されているという。

静岡県某所に鎮座するとある神社。事情により名称は伏せるが、美しい自然に囲まれ、静かで優しい雰囲気が漂うこの神社は、映画やドラマのロケ地として人気を博し、様々な作品に登場している。初夏にはヒメボタルが飛び交うことでも知られており、幻想的な景色が広がっているという。

しかし、なぜかは分からないが、この辺りでは有名な心霊スポットとしても度々名前が挙がる場所でもある。

この神社は日本《やまと》武尊《たけるのみこと》の東《とう》夷《い》征討《せいとう》まで歴史を遡ることができる歴史ある神社だというのだが、

・老婆のしわがれた声が聞こえる。
・心霊写真が撮れる。
・赤ん坊の霊、火の玉が出没する。
・戦時中にB29が墜落したとされ、アメリカ兵の霊が出没する。
・神隠しに遭う。
・自殺が多発している。

――といった噂が囁かれている。

この辺りに戦時中にB29という戦闘機が墜落したという噂があり、搭乗していた米兵は神社の床下に息を潜めていたのだが……。日本人に見つかってしまい、村人から酷い拷問を受け亡くなってしまったという話が伝わっている。その恨みや無念の想いから、異国の地である日本に今もなお縛られ続けているのだろうか。

噂の真偽のほどは一切不明である。


映像ディレクターのMさんから送っていただいた話。

この話は自身が映画制作をしていたときに起こった話である。

ホラー映画の脚本を書き終え撮影に入るにあたり、神社でのお祓いシーンが必要となり、撮影ができる神社を助監督と共に探していた。

そのなかで静岡の外れに撮影許可が取れる神社を発見して、映画のイメージとも合っていたので、ロケハンをすることになった。

現地へ向かうと神社の管理人も同行してくれることになり、境内を案内してもらった。

50メートルはあると思われる階段を抜けていき、頂上に到着すると、神社が木々に囲まれながら建っている。

中に入ると年季の入った木造建築が雰囲気を醸し出している。

イメージとも重なり、ここに撮影を決めたのだが……。

管理人が冗談交じりにこんなことを聞いてくる。

「ホラー映画ですよね？」

「はい、そうですね」と答えると、

「ここ、噂だと出るみたいですよ」管理人はそう言ってきた。

自分は撮影のことで頭がいっぱいで、大してそのことを気にしなかったのだが。

そして、撮影当日となった。様々な場所での撮影を経て、いよいよ神社での撮影となる。

夜になると、しとしと雨が降ってきて、神社の中はさらにホラー映画にぴったりな雰囲気となっていった。

休憩時間に、女優さんが最寄りのコンビニへ行きたいと言い出した。

雨が降りしきるなか、女優さんとマネージャーさんは一緒に階段を降りて、車に乗りコンビニへと向かった。

40分ほどして、ふたりは神社に戻ってきて撮影は再開、無事になにごともなく終えた。

スタッフとキャスト含め、全員で片付けをしていると、マネージャーさんが怯えた様子でMさんに話しかけてきた。

「撮影中に言うのはあれだと思ったので、言わなかったんですけど、実はさっき雨のなか階段を降りて、車に乗ってエンジンを掛けて、ふと前のカーブミラーを見たら、自分の車のすぐ後ろに、全身真っ黒な男性がじっと立ってこちらを見てたんです」

そんなことを言い出した。

車に乗るまでは間違いなく誰もいなかった。

それなのに、突然現れて微動だにすることもなく、じっとこちらを見ていた。

明らかにその存在は人とは思えなかったのだという。


後でこの神社を調べたとき、管理人の言う通り有名な心霊スポットでもあった。

前述した墜落したアメリカ兵の噂のほかにも、戦前にこの神社の傍にアメリカ人ばかりが住まう住宅街があったといい、それも戦争の影響で廃墟になってしまったのだという。

また、神社の入口にある鳥居で幽霊の目撃したという証言が多い。

そこには樹齢数百年のスギの大木がある。マネージャーさんが黒い男性を見た場所も鳥居のすぐ付近であった。鳥居の付近にあったというアメリカ人の集落の何かがあったのだろうか。

果たして、彼が見た存在は一体なんだったのだろうか。

香川県

満濃池《まんのういけ》

上／満濃池。この日は風もほとんどなく、穏やかで静かな湖面が広がっていた。
真ん中／満濃池とのツーショット。この近くで食べることができるヤーコンうどんが美味しくて安くて最高だった。
下／護摩壇岩。右側の小島で空海が護摩を焚き、池の工事の成功を祈ったという。

香川県仲多度《なかたど》郡まんのう町にある満濃池は、日本最大級の潅漑用の溜め池である。周囲20キロメートル、水深約20メートル、潅漑面積3000ヘクタール。

その歴史は古く、701年に讃岐《さぬき》の国守の道守朝臣《みちもりあそん》が造ったとされている。その後、洪水で破壊された堤防を復旧するため嵯峨《さが》天皇の勅命により弘法大師空海《こうぼうだいしくうかい》が派遣。空海が満濃池を再築するということを聞きつけ、作業員も続々と集まり、およそ3ヶ月余りで工事は終了したという。

実はこの満濃池には、様々な妖怪伝承が残り、恐ろしい殺人事件が起こった場所として心霊譚も語り継がれている。

今昔物語には、およそこんなことが記されているという。

満濃池の主である龍が、蛇に化けて日向で休んでいると、突然現れたトンビに化けた天狗に捕まり、滋賀県の洞窟に閉じ込められてしまう。龍は元の姿へと戻ろうとするが、戻るために必要な水が足りず、どうすることもできずに困っていた。

すると、蛇と同じく攫《さら》われてきたであろう比叡山《ひえいざん》のお坊さんが水を分け与えてくれた。ようやく、力を取り戻した蛇は龍へと戻り、助けてくれたお坊さんを比叡山へと返し、トンビに化けていた天狗を退治しにいったという。

龍が棲んでいたという満濃池、ここにはこんな恐ろしい噂があるという。

・火の玉が出没する。
・池で自殺が多発しており、旱魃のときに遺体が見つかった。
・池の改修の際に人柱を沈めた。
・池の底から女性の遺体が見つかった。

——などである。

具体的な幽霊が出るというのはないようだが、夜に池の縁《ふち》を散歩していると火の玉を目撃したという話は多いようである。人柱については文献や記録には残っていなかった。というよりも人柱という行い自体が記録に残ることがまずなく、その場から骨などが出土することによって後々判明することが多い。例えば、北海道の常紋《じょうもん》トンネルが良い例だろう。

ただこの溜め池は古くから決壊と改修を何度も繰り返しており、その度にかなりの難工事を要していたことを考えると、そんなときは藁《わら》にも縋《すが》りたいと思うはずで、1300年と長い歴史の中で人柱がないはずがないと考えるのは私だけだろうか。

池の底から発見された女性の死体遺棄事件は実在している。

検察職員向けに刊行されている「研修」誌1978年8月号には、およそこんなことが書かれている。

1973年の夏、その年は暑かった。しかも降水量が極端に少なく、満濃池の水も異常に下がっていた。満濃池に来ていた釣り人が池の緩い傾斜部分にビニールカーペットを発見する。何かが包まれているような感じがして中を開けてみると……。

中身は女性の遺体だった。警察の総力を挙げて遺体の調査をした結果、身元が判明し、そこから大体の犯人の目星がついたという。遺体は水商売の女性で、犯人は飲食店に勤務する中年男性だったと推測した。しかし、肝心の証拠がなくては逮捕することはできない。

このままでは、未解決事件になってしまう……と思われた矢先。警察の根気強い調査が実を結び、犯人逮捕に至ったという話である。

前述した事件自体は実在するようだが、ときに次のような都市伝説めいた話と結び付けられて語られることがある。

警察は決定的な証拠を見つけ出せないまま、事件の迷宮入りが噂され始めたとき、事件は急速な展開を見せた。女性を殺害した男性が憔悴しきった顔で自首してきたというのである。

詳しく話を聞いてみると、満濃池での死体遺棄と殺人の容疑を男は自白した。

これまで逃げ続けてきたのに、なぜこの期に及んで自ら出頭してきたのか、それを問うと、犯人の男は震えながら「もう我慢ができなかった」そして、こんなことを呟いた。

「殺害後、毎晩毎晩毎晩、死んだ女が夢枕に立ち耳元で囁くんです」と。

兵庫県

相坂トンネル《あいさかとんねる》

上／街灯も何もない峠道に急に現れる煉瓦造りのトンネル。軽自動車が通るのがやっとの車幅だ。
下／須加院側から見た、相坂トンネルの入口。

兵庫県姫路市の兵庫県道80号宍粟香寺線《しそうこうでらせん》に、大正に造られたトンネルで、今も現役で使用されている場所がある。近くに新トンネルができて旧道になっているというわけでもなく、今も集落の人々の生活にとって必要不可欠なトンネルなのだという。

このトンネルは「相坂トンネル」と呼ばれているが、正式名称は「相坂隧道」という。

1919年着工。1921年竣工。延長70メートル、幅2・45メートル、高さ2・9メートル。

大正時代に竣工され、煉瓦造りの美しい見た目が印象的で、扁額には右から左に〝相坂隧道〟と書かれており、時代の変遷を感じさせる。

扁額の縁にお洒落な装飾がされているのも非常に珍しく趣がある造りである。

トンネルができる以前は、通行が塞き止められるほど険しいことから「セキド」と呼ばれる難所を毎回通る必要があったという。車1台がやっと通れるほどの小さなトンネルではあるが、当時の村予算の約半分を使用して作ったことや、扁額へのこだわりなど、大切にされてきたということを感じ取ることができる。

しかし、そんな当時の人々の想いも関係なく、このトンネルも例に漏れず心霊スポットと噂されているのである。

ここにはこんな恐ろしい噂がある。

・顔が焼け爛れた女性の霊が出没する。
・車の調子が悪くなる。
・心霊写真が撮れる。
・1985年に女性の白骨死体、2000年に男児の白骨遺体が付近から見つかっている。
・山中で自殺が多発している。
・姥捨て山、天狗の住む山という伝説が残っている。

——などである。

真偽は確認していないが、女性と男児の2人の死体遺棄事件は、正確には相坂トンネルから、県道80号線を通り姫路市夢前町《ゆめさきちょう》宮置《みやおき》方面へ行った先の暮坂峠《くれさか》で見つかっているという噂である。もちろん、こちらの暮坂峠も心霊スポットだとされている、なんの変哲もない田舎の山中から、短い期間に死体が2体も見つかるというのは想像するだけでもかなり恐ろしいが、この山に捨てた理由が何かあるのだろうか？

顔が焼け爛れた女性は、見つかったご遺体となにか関係があるのだろうか？

私が細々と運営しているLINEオープンチャットで知り合った、い〜ちゃんという男性から聞かせていただいた体験談である。

い～ちゃんは20代の頃から「関西怨念地図」という心霊スポット本を片手に、様々な恐ろしい場所を毎夜のように巡っていた。

この日は彼を含め、3人で肝試しに行ったという。


相坂トンネルに行ったのは実は3回目だったんです。

10年前に2回、相坂トンネルに行ってるんですがね。

初めてのときは、着くまでは「どうせなんもないよなぁ」って思ってたんですが、相坂トンネル付近に着いた瞬間から、今までに行った他の場所とは比にならへんくらい異常な雰囲気を感じてました。

しかも、近くには首なし地蔵があったり、廃れた小さめな神社があったり……。

ただ、セダン車で行ったんですけど、トンネルの横幅がギリギリ行けるか？　ってくらい狭いなんてこと知らなくて、車体を擦《こす》らないか心配で……。

そのときはお化けも特に出ずに、擦らへんかっていうのでヒヤヒヤして、そっちの方が怖かったですよ。2回目も特になんもなくて。

3回目は最初に行ったメンバーで、今度は軽4でリベンジしよ！　ってなって後輩の車で向かうことになりました。

後輩は「心霊スポットとか苦手なんで、運転代わってくださいい、頼んます……」って、もうひとりのメンバーに言ってて、細い道に入る前に運転を交代してました。

車内で雑談しながら走ってると、トンネルの入口が見えてきました。

行ったことがある人なら分かると思うんですけど、峠道には外灯は一切なくて。でもトンネルの中には明かりがあるんで、そのせいで暗闇の中に急にトンネルが現れる形になるんです。

それが余計に不気味な雰囲気なんですよね。

そのまま、ゆっくり車を走らせてトンネルの中に入り、真ん中らへんで車を停めてエンジンを切りました。

運転手が「鳴らすで？　いくで!?」と俺らに聞くんで、後輩とふたりで「いいよー」って。

プーーー、プーーーー、プーーーーーって。

クラクションを3回鳴らすんです。

ここに来ると、いつもしてるんですけど、何かあったことはありませんでした。

いつもならしばらく待ってから、また車のエンジンをかけるんですね。

今回クラクションが鳴り終わってすぐに、運転席側のトンネルの壁に違和感がありました。

不思議に思って、そっちに目を向けると――トンネルの壁から顔が浮き出てきたんです。

運転手も後輩もそれに気付いたらしくって、みんな焦るように大きな声が出てました。

慌ててエンジンかけて、トンネルの外の少し開けた場所に駐車して、3人で心臓を落ち着かせながら、今見たものを話し合ったんです。

運転手も後輩も顔を見たんですけど、俺にはどうもお地蔵様の顔にしか見えなかったんです。

その後、歩いて顔があった場所を調べてみたんですけど、顔は完全に消えていて、しかも顔に見えるようなシミも何もなかったんですよ。

トンネル近くの首なし地蔵と何か関係がある気がするんですよね。

俺、地蔵を見たらいつも心の中で挨拶をしたり、話しかけたりしてしまうから。

筆者が以前、相坂トンネルに行ったときは首なし地蔵を見つけることができなかった。

というよりも、そもそも存在することも知らなかったので探してもいなかった。

次訪れる際は、い～ちゃんがしているように、心の中で話しかけてみようと思っている。

愛媛県

谷上山第二展望台《たがみさんだいにてんぼうだい》

上／展望台に設置されたベンチ。噂の女性の霊はどこに出るのだろうか？
下／展望台へと続く階段。

皿ヶ嶺《さらがみね》連峰県立自然公園内の谷上山公園は、標高456メートルの谷上山内に整備された公園。春は桜が一面に咲き誇りお花見が楽しめ、夜は「谷上第二山展望台」から伊予市や松山市の夜景が一望できるという隠れたデートスポットである。

そして、実はこの展望台は幽霊が出るとも言われている隠れた心霊スポットでもある。夜景と同時に肝試しも楽しめてしまうという一石二鳥の場所だ。

でも安心してほしい。心霊スポットといっても、今まで紹介してきたような本当にヤバいスポットいうわけではなく、いわくも根拠も薄めな、比較的優しいスポットである。

では、この場所で噂されている心霊現象を紹介しよう。

・過去に首吊り自殺があり、自殺の名所となっている。
・ふたりの女性の霊が出没する。
・カップルの霊が出没する。

――というくらいなもの。

この場所がなぜか首吊り自殺の名所になっているとされ、そこで亡くなられた女性の霊が出るというのが特によく聞かれる噂だ。

女性の霊は2人いるとされる。同時に2人が出るのか、まったく別の女性の霊がそれぞれ別に出るのかは分からない。最低でもこの場所で2名が亡くなっている、ということなのだろうか？　真偽はまったく不明である。

ちなみに元々展望台は2つ、第一と第二があったのだが、第一は老朽化のため2002年頃に解体されてしまった。第二は近年になって改修工事が入ったのか、より綺麗になったという話である。

その他に、特筆すべき点といえば、最寄りに愛媛県屈指の心霊スポットである大谷池があることだろう。この場所が霊を引き寄せており、近くであるこの展望台にも影響を及ぼしているということも考えられるかもしれない。

また、私はこの展望台でちょっとしたトラブルに遭遇している。

今から4年ほど前に筆者が実際にこの場所を訪れたことがある。たしか1週間くらいかけて四国を一周する心霊スポット旅に出ていたときのことだった。

深夜遅くにこの場所へと着いた私は、その前におこなっていた別の心霊スポット探索の疲れと睡魔から、この展望台での夜の探索を諦め、車中で仮眠をとってからにしようと決めた。

明け方に目を覚まし、クーラーで涼もうとエンジンをかけようとすると、キュルルとなぜかエンジンがかからなくなってしまった。

今まで何のトラブルもない車である。余計な負荷をかけたわけでもないのに。

なぜ急に？　と不思議に思いながら、ロードサービスに電話をして来てもらうことにしたのだが、土地勘がないうえに少し山奥なので道を説明するのにもかなり苦労した。

ようやく来てもらうとジャンピングスタートであっさりとエンジンをかけてくれ、なんとか車を動かすことができた。

ロードサービスが帰ったあとは、エンジンを掛けっぱなしの状態で施錠し、展望台はサクッと見て回った。しかし、その後の予定も潰れた苦い思い出がある。

谷上山第二展望台の階段で撮ってもらった写真。明け方のせいもあるのか、嫌な感じはあまりしない。

神奈川県

山神トンネル《やまがみとんねる》

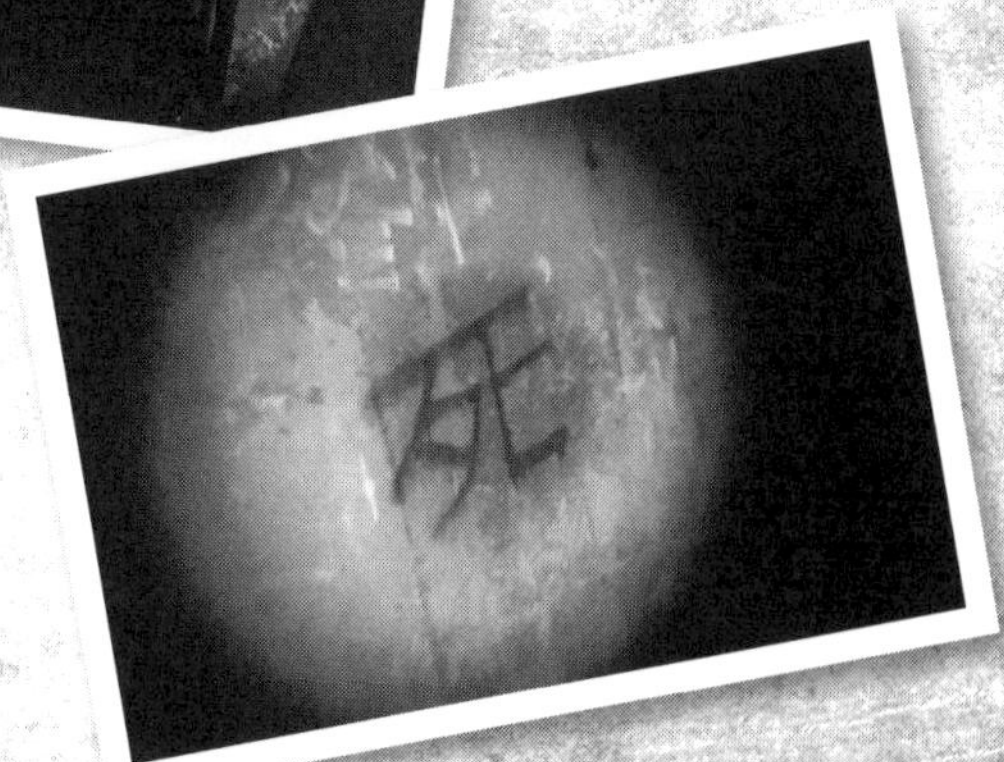

上／山神トンネルの入口。このトンネルを超えて、しばらく歩くとキャンプ場跡に着くという。
下／トンネル内に書かれた不吉な落書き。

神奈川県の林道を歩いていると突如現れる異様な雰囲気を放つトンネル。その様相から、まるで異世界か、あの世に繋がっているのではないか、そう錯覚してしまいそうになる。

神奈川県厚木市《あつぎし》七沢《ななさわ》の山奥。車両通行禁止ゲートの奥に存在する「山神トンネル」は関東でも指折りの心霊トンネルとして広く知られており、テレビや書籍などのメディアにも今まで数多く取り上げられてきた。

ここを訪れた人々は「あそこは本当に怖かった」と、みな一様にそう話すという。

しかし、そう話せるのはまだ運が良い方で、肝試しに行ったまま行方不明、神隠しにあったという話がまことしやかに囁かれており、トンネル名の〝山神〟に何か只ならぬ関連性を感じてしまう。さらにそのトンネルを通り過ぎると廃キャンプ場があり、そこでも様々な噂が絶えず囁かれているという。

その廃キャンプ場はかつて不動尻《ふどうじり》キャンプ場という名で営業しており、キャビン12棟、常設テント30張の定員300人規模の県立キャンプ場だったが2002年に閉業、その理由は不明である。

そして、山神トンネルにはこんな恐ろしい噂や心霊現象が伝わっている。

・足音や子どもの笑い声が聞こえてくる。
・神隠し事件が多発している。

・トンネル工事中の事故で作業員が亡くなり、その作業員の霊が出没する。
・トンネル前のトイレで乱暴をされて亡くなった女性の霊が出没する。
・磁気が存在しないゼロ磁場と呼ばれる場所で、霊がおびき寄せられる。

——というものである。

子どもの笑い声は、トンネルをしばらく進んだ先にある廃キャンプ場が現役だった頃に、川で溺れて亡くなった子どもの霊だとされている。

そして元々このトンネルに心霊譚が囁かれだしたきっかけは、トンネル工事中の事故により作業員が亡くなってしまったことに端を発しているというのが有名な説である。今もトンネル周辺を作業着姿で徘徊しているという。

さらに、トンネル前には女性が乱暴されたとされる公衆トイレと、その彼女の死体が遺棄されたと言われる小屋があったという話だが、現在は小屋は跡形もなく、仮設トイレがふたつあるだけである。

実際に前述した事件事故があったかは定かではないが、神隠し事件の噂にも何か関係しているのだろうか?

現在はないが、昔は林道内に、行方不明になった探し人の掲示物などが多くあったという。

あさばさんは、学生時代からのオカルトマニアで、今まで数多くの心霊スポットに足を運んできた。そんな彼が、山神トンネルで体験したという不思議な話を教えてもらった。

当時大学生だったあさばさんは、友人である木原、米田、雅美とよく一緒にいることが多かったという。4人は当時から頻繁に心霊スポット巡りをしていて、この日は片道2時間もかけて山神トンネルまで来ていた。

現在ではトンネルの数キロメートル手前にゲートが設けられているため、トンネル近くに車をつけることはできなくなっているが、当時は奥のキャンプ場が運営していたので、近くまで行くことができた。

彼らはトンネルを前を通り過ぎた先の開けた場所に車を停め、探索を開始した。

トンネルを前にした瞬間、中の方からハイヒールで歩くようなコツコツという音が聞こえてきた。自分たちの方に、足音はどんどんと近付いてくる。

あさばさんと雅美は「なんだかやばいから、帰ろう」と提案するも、木原と米田は、「せっかく来たのだから、ふたりでも行く!」と言って中に入ってしまった。

200メートルほどの長くないトンネルだ。5分もあったら戻って来るだろうと、あさばさんたちは待っていると……。

「うわあああああ」

トンネルの中から叫び声が聞こえた。その後、木原がトンネルから全速力で駆け出てきた。

一体何があったのか、状況を聞こうと思ったときに、トンネルから米田の声で、「助けてくれー」

という声がする。とにかく急いで声の方に駆け寄っていくと、トンネルの中で、地面を這いながら叫ぶ米田の姿が……。

抱きかかえながら、どうしたのかと話を聞くと——。

ふたりはトンネルの反対側まで、なにごともなく行けたという。

戻ろうと再びトンネルの中に入ってしばらくすると、突然すぐ真後ろから、コツコツとハイヒールの音が聞こえたという。

怖くなった2人は入口目指して走り出したのだが、米田は足を掴まれて動けなくなった。

そう言う米田の足元を見ると、スニーカーの靴紐がなくなっていた。

彼らは急ぎ車に戻り、トンネルを抜けて帰ろうとした。トンネルに入ったそのとき、車にドサッという衝撃が伝わり、急ブレーキをかけた。

何かが大きなモノが上から落ちてきたような、そんな感覚だったという。

車の屋根に異常はない、車内から周囲を見渡しても落下物があるわけでもなく、音の原因となるものは見つからなかった。

一刻も早く帰りたい。そんな気持ちで車を出そうとすると、トンネル前方に白い服の女が立っているのが見えた。人と思ったが――よく見ると白っぽい靄《もや》が女の形をかたどっているのだ。

それが、スーッと、だんだんあさばさんの車に向かって迫ってくる。

あさばさんはその光景を見てパニックになり、そのまま車を出した。

その靄が車にぶつかる瞬間、頭の中に女の声が聞こえた。

「助けて」

うわぁ、と思った時には、靄は消えてなくなり、車はトンネルの外へ出ていた。

帰り道、ファミレスに入って、今あったことをみんなで話をした。

白い靄に車がぶつかる瞬間、雅美や他の2人にも同じ声が聞こえていたという。

足を掴まれた米田の足首には、くっきりと何かに掴まれた痣が残っていたそうである。

大分県

八面山大池《はちめんざんおおいけ》

左／八大龍王の石像とのツーショット。この石像と龍女に関連性はあるのだろうか？
右／過去に決壊したことがあるとは思えないほど、穏やかな湖面だった。
下／洪水の被害者の殉職者碑？だろうか。

日本三大奇景や日本新三景にも選ばれている、風光明媚な渓谷である耶馬溪《やばけい》のすぐ近くには、標高659メートルの八面山という、古くから山岳仏教の信仰を集めた山がある。どの角度から見ても同じような見た目をしていることから、八面山という名前なのだという。

この山には箭《や》山《やま》権現《ごんげん》石《いし》舞台《ぶたい》という日本一の大きさを誇る石舞台など、巨石や磐座が多く集まっており、一種のパワースポットであるとされている。また伝承も多く残されている。

不思議スポットが多く集まる八面山周辺のなかでも、一番の恐怖スポット「八面山大池」を今回は紹介しよう。

八面山大池は、八面山の標高500メートル地点に位置する農業用水の溜め池で、一番初めに築かれたのは大宝年間の701年だとされている。そして、興味深いことにこの場所には龍女伝説や巨人伝説が残されている。

2011年に地元で発行された『箭山紀行 第4号』によると、3年もの日照り続きによる大飢饉の状況を、なんとかせねばと思った海門禅師は雨乞いの儀式をすることを決心する。八面山大池へ赴き、飲まず食わずで7日間お経を唱え続け、満願を迎えた日。池の中から身体は龍、顔は美しい女の姿をしたものが出てきて、海門禅師に自らを成仏させることを条件に珠を授け、5日間激しい雨を降らしたという。

ここに纏わる心霊の噂は次のようなものである。

・池で入水自殺をする人がいるとされ、その霊が出没する。
・女性の霊が出没する。
・女性の呻き声やすすり泣く声が聞こえてくる。
・霊感のある人は体調不良を起こす。

――というものである。

主に女性の霊の目撃譚やすすり泣く声、呻き声が聞こえるなど女性に纏わるものが多い気がする。出ると言われている自殺者の霊も女性らしく、さらに伝承にある龍も女性の姿をしていることも何か関係しているのかもしれない。

1931年7月21日、梅雨に入り連日の大雨で八面山大池の堤防が耐えきれず決壊し、大量の土石流が村を襲った。沢山の家々もろとも濁流に飲み込まれ、死者7名、重傷者多数の大惨事となった事件もあったという。

実は、先ほど紹介した龍珠伝説には続きがあるようだ。1986年9月に竹折勉が著した『豊の国宇佐八幡の神まつり』には、およそこんなことが書かれている。1785年、海門禅師による祈祷のおかげで5日間の大雨が降った後、和尚は龍女に祈りを捧げ、お寺で珠を大切に保管していたそうだが……。城主の奥方が珠を見てしまうと、元は柔らかかった珠が硬くなり、ヒビがはいってしまう。それから、珠には雨を降らせる力が無くなったという。

なぜ、珠を他の人物が見てしまうと力がなくなってしまうのか、詳しい点は記載されていないが、もしかすると、龍女は珠を見られたことで約束を破られたと感じたのかもしれない。この地に怪奇現象が噂されているのは、その龍女が未だ成仏できずにおり、災いを引き寄せているのだろうか。

池の近くには八大龍王の石像や殉難碑（洪水被害の殉職者のもの？）がある。もしも、訪れる機会があったら、ふざけ半分で行くのではなく、手を合わせ、供養の気持ちを忘れないようにしてもらいたい。

宮城県

八木山橋《やぎやまばし》

上／2メートルを超える柵の先端には有刺鉄線が……。さすが、自殺者の多さを物語っている東北最恐の心霊スポット。
下／そびえたつフェンスは、自殺者の多さを物語っている。この橋に巣食う魔物が、橋の向こう側から誘っているのかもしれない。

伊達政宗《だてまさむね》の居城で有名な仙台城跡（青葉城跡）、仙台市博物館、八木山ベニーランド、八木山動物公園と、仙台市でも特にレジャースポットが密集するエリアに東北地方屈指の自殺の名所であり、心霊スポットでもある八木山橋が存在している。

青葉山と八木山を隔てるように、V字型に切り立った断崖絶壁が約3キロ続いている竜ノ口《たつのくち》渓谷がある。その風光明媚な渓谷を繋ぐように架けられているのが八木山橋である。

夜になると真っ暗闇、人通りのない寂しい場所にぽつんと古びて朽ち果てた橋が架かっていて、おどろおどろしい雰囲気を醸していて——そんなイメージを持たれがちだが、実際は至って普通の見た目をしている。異様な高さをした柵を除けば。

この橋は観光地の行き来や、大学や職場への通学通勤路、その他の生活道路として頻繁に利用される場所で、多くの人々や自動車が行き交う、日常のすぐ傍にある橋である。

だが、隙間なく覆いつくされたフェンスは2メートル以上はあろうかという高さがあり、その上部は橋の内側に向けて傾斜がつけられている。簡単によじ登れないようになっているだけでなく、さらに有刺鉄線も張り巡らされている。

この橋をじっくり観察すると、噂ではなく本当に沢山の人々がここから飛び降りて命を絶っている、ということを誰もが確信できるだろう。

雰囲気だけの場所や根も葉もない噂で塗り固められた虚構の恐怖ではなく、ここはリアルな恐怖をひしひしと感じさせる場所である。

橋下は、およそ70メートルの高さがある。人は45メートルの高さから落ちると確実に死ぬというから、ここから落ちれば即死である。

橋の下はゴロゴロとした岩が転がっており、叩きつけられればひとたまりもない、辺りには自殺者のものと思しき衣類や鞄、なかには献花や卒塔婆《そとば》も落ちていると言われている……。

竜ノ口という地名の由来は、竜が口を開けているような渓谷だからとか、下の河川敷の地層から化石が発見されているから、というわけでもないようで、戦国時代後期に築城された仙台城から見て辰の方角（東南東）に位置することから、辰の口となり、それが転じて竜ノ口となったというのがもっとも有力な説である。

そして竜ノ口渓谷は、仙台城の南方を守護する自然の防壁という役割もあった。

この場所には過去に二度橋が掛けられており、現在の橋は2代目となっている。

元々この山は越路山《こえじやま》という、雑木林ばかりが並ぶ寂れた場所だったという。それを１９２４年ごろに八木久兵衛が買い取って八木山と改名、私財を投じ道路の整備や植樹活動、さらには仙台城跡への近道と健康に寄与すべく八木山橋を架けたという。架設当初は軍用橋として利用され、その後すぐに仙台市に寄付されている。

初代八木山橋は１９３１年11月竣工。長さ１０７メートル、幅３・７メートル。当時としては「県下第一の吊り橋」と呼ばれている。

１９８５年12月に刊行された『仙台年表 慶長五年から昭和三十年迄』という書籍には、

1937年12月に仙台市南光院《なんこういん》の某飲食店の女性が八木山橋から初めて投身自殺をした、と記されていることから、この自殺が八木山橋での初めての自殺なのだろうと考えられる。

現在のように防護柵などなかったにもかかわらず、架設後6年間も投身自殺がなかったというのは意外にも思われる。この自殺を契機に増えていったのだろうか?

やがて「サングラフ」誌1955年6月号に写真付きで「自殺の名所?」と紹介されているほか、歴史学者の李家正文の随筆『なないろの筆』(1958年 法政大学出版局)では、

「この春には、続いて三人の女が飛び込んだ。深夜、どさっと異様な音が遠く離れた山上の茶屋にきこえてくることもあるそうである。また人が死んだなと茶店の人は意識する。あるときは、谷底で検視している警官の頭上高く、女が飛び降りようとしていることもあって、あわてて検死をやめ、橋の上にのぼってゆくというスリルも聞かされた」

とあり、50年代には既に、自殺の名所として認知され始めていたようである。

現在の八木山橋は1964年12月竣工。長さ117メートル、幅鉢8・5メートル。

橋の老朽化と交通量の増加のためにPSコンクリート橋に架け替えられている。この新しい橋になってから、心霊の噂も徐々に語られるようになったと思われる。

例えば、こういう話が囁かれている。

・橋の下から伸びてくる白い手に手招きをされる、足を掴まれる。

・橋の下に誘われるような、引き寄せられるような感覚に陥る。
・橋から飛び降りようとしている黒い影が度々目撃されている。
・通るだけでも体調不良を起こす。
・自殺者の霊に追いかけられる。
・白い服の女の霊、少年の霊、老婆の霊が出没する。
・橋の中央辺りで後ろから呻き声がする。
・存在しないはずの謎のバス停や公衆電話が現れる。

――と多種多様なバリエーションの心霊現象が報告されている。

橋を渡っていると意識が朦朧《もうろう》とし、気付いたときには橋の欄干に登ろうとしていたというものや、悩みがあるように見えない人がこの橋から飛び降り自殺をしたという、霊があの世へと誘っているのではないか？　と疑うような話も多い。

自殺者の総数は判明していないが、ネット上では今までに100件以上とも言われている。いくつか取り上げてみる。

1997年某月、工事作業員が八木山橋で自殺をしようとしている男性を引き留め、救助することに成功した。その際、橋の下を確認していると、また別の男性が倒れているのを発見。死後1日経ったご遺体だったという。この人は橋から飛び降りたとされている。

2006年某月、通行人からの通報で八木山橋から300メートル上流の河川敷で、頭を損傷した男性の遺体を発見。橋から転落したと考えられている。

2012年某月、八木山橋の下の渓谷から、死後1ヶ月経った身元不明の男性遺体を発見。

2014年某月、竜ノ口渓谷を散策していた男性が身体の一部を発見。警察官が付近を調べてみると一部白骨化した性別身元不明の遺体を発見している。

2024年某月、八木山橋の下で化石採集していた男性が、身元不明の女性の遺体を発見。


また、仙台城で自殺に纏わるこんな伝承を見つけた。「ゴトハカさん」というものである。

伊達政宗は五島《ごとう》という馬を可愛がり、戦にも使用し、その度に武功をあげていた。しかし、五島も老齢となり戦につれていけない、そのことを政宗が五島に伝えると、ショックのあまりか五島は、仙台城本丸の南で崖から飛び降りて死んでしまった。悲しんだ政宗は丁寧に弔ったといい、この馬の忠誠を伝えた仙台の人々から「ゴトハカさん」と呼ばれている。

五島が投身自殺した場所は竜ノ口渓谷ではないが、近しい場所で、しかも投身自殺とは、なにか関係があるような気がしてならない。

フォロワーさんから、こんな体験談を聞かせていただいた。

「幼いころのことなのに、今でも鮮明に覚えているもんですね」

そう話してくれたのは、るっきぃさんという20代の男性。今から約10年前だというので、るっきぃさんが小学6年生のときのできごとである。

その日は家族揃って夕飯を食べに出掛けていた。

母の車を父が運転し、母は助手席に座ってなにを食べに行こうかと相談していた。るっきぃさんと小さい弟は、ふたり後部座席で揺られていた。

普段は八木山橋を通るルートではなかったらしいが、帰宅ラッシュの時間と重なってしまい大渋滞、仕方なく空いている青葉山方面の抜け道を通ることになる。

「当時から高いフェンスで、物々しい雰囲気だったんです。幼い自分は怖い噂をそんなに聞いたことはなかったんですが、子どもってそういう感覚に敏感なんですかね。なんか怖い場所だっていうのが直感で分かってたんですよ」

時間は夕方を過ぎ、日はすっかり落ちている。すぐ近くの観光名所「青葉城跡」の営業時間も終わり、人もほとんどなくなっていた。城跡入口すぐの急カーブを下り、いよいよ橋に差し掛かる。異様なほど高いフェンスに囲まれた八木山橋が目に入った。

母は小馬鹿にした口調で「怖いのー?」と笑ってくるが、当時小学生の彼と弟は当たり前に怖い。橋に入る直前、無意識に目を瞑《つむ》った。タイヤが橋のつなぎ目を乗り越えた音がする。

(あぁ、いま八木山橋を渡っているんだな)

体感的に橋の中間辺りに来たころだろうか?

急に右足に痛みが走った。最初は軽自動車で狭いから、なにかが足に引っ掛かったのかな?と思っていたのだが、痛みは徐々に増していき、耐えがたいほどになっていく。

そしてまた、ガゴンッと反対側の橋のつなぎ目を乗り越えた音。

ようやく橋を渡り切ったことにホッと一息。と同時にさっきまでの足の痛みが嘘のように一瞬でなくなった。

るっきぃさんは尿意を催していたこともあり、父にお願いし、坂を上り切った先のテーマパークのある交差点のコンビニへと寄ってもらった。

急いでトイレに駆け込み、スッキリして店から出ようとしたとき。先ほど足が痛かったことを思い出した。そして、るっきぃさんが車のドアを開けて乗り込む前に、おそるおそる長ズボンの裾を捲り上げ、痛みを覚えた場所を確認する。その行動を後悔したという。

がっしりと指5本分の間隔になる細長い赤く腫れあがった痣。まるで大人の手で強く握られたようなそんな形をしている。

るっきぃさんはその光景に驚きのあまり唖然としていると、「なにしてるの。早くドアを閉めなさい!」と怒鳴る母。

それでも、るっきぃさんが固まっていると、しびれを切らした母が助手席から降りてドアを閉めようとする。そのときに、母の視線がるっきぃさんの足で止まった。

「――えっ、その痣どうしたの?」

先ほどまでの母の勢いはなく、父も弟も同じ反応だったという。

痣はいつの間にか消えて今では跡すらもなくなったが、そのできごとがあってから、るっきぃさん家族は、どれだけ遠回りになっても決して八木山橋を通らないようにしているという。

「青葉城跡は人気観光地なので、どれだけ自殺が起きても、情報規制が掛かって揉み消されてしまうのかもしれないです。つい先日も八木山橋から少し降りたところにある、同じく観光地の瑞鳳殿近くの橋の上で救急車、消防車、パトカーが並んで停車していて、また起きたんだなと実感しました。あり得ないフェンスの高さからも実感できる通り、実際にこの世に色々な思いを残した方が何人も亡くなられている場所です。ただ通っただけの私も被害を受けるほどのとんでもない場所です。みなさんも夜間通る際は決して遊び半分では行かないようにお気を付けて……」

そう、るっきぃさんは話を締めくくってくれた。

参考文献

【書籍・雑誌】

『呪われたシルク・ロード』辺見じゅん（角川書店）

『完全犯罪との闘い 或る検死官の記録』芹沢常行（文化出版局）

『上山見聞随筆』菅沼定昭（上山市）

『上山市史 下巻 現代編』上山市市史編さん委員会／編（上山市）

『遠州の天狗』近藤秀明

『トンネル通覧 トンネル技術資料001』日本道路公団技術部技術課

『経済時代 第20巻第5号』経済時代社

『姫街道 写真紀行』神谷昌志（国書刊行会）

『豊橋自然歩道』豊橋自然歩道推進協議会「豊橋自然歩道」編集委員会／編（豊橋文化協会）

『西南戦争田原坂戦記』植木学（新人物往来社）

『足助町誌』足助町誌編集委員会／編（足助町）

『本邦道路隧道輯覧』土木試験所

『ダム日本 No・268』日本ダム協会

『熊取の歴史』熊取町教育委員会／編（熊取町）

『香川県の歴史 県史シリーズ37』市原輝士、山本大（山川出版社）

『写真集明治大正昭和中津 ふるさとの想い出59』今永正樹／編（国書刊行会）

『仙台の珍談奇談』田村昭／編著（宝文堂出版販売）

『自殺考』秋本国男（東尚社会保険企画）

『河内滝畑の民話』河内長野市教育委員会

『警察協會雜誌 三九二号』警察協會

『遠江古蹟図絵』藤長庚／編、神谷昌志／修訂解説（明文出版社）

『工業火薬協会誌 第18巻第3冊』工業火薬協会

『福岡犯罪50年史 戦後編』弓削信夫、中島義博、笠井邦充（夕刊フクニチ新聞社「昭和50年史刊行会」）

『函館市史 銭亀沢編』函館市史編さん室／編（函館市）

『学習資料北海道近代のあゆみ 民衆の歴史を学ぶ』森岡武雄、小野寺正巳／編著（空知民衆史講座）

『新怪談集 実話編』田中貢太郎（改造社）

『霊感の脅威』山本誠一郎（朝日書房）

『筍山紀行 第4号』三光周辺地域振興対策推進会議「グローカルネット三光」

『豊の国宇佐八幡の神まつり』竹折勉（日本図書刊行会）

『仙台年表 慶長五年から昭和三十年迄』矢島玄亮／編著（萬葉堂出版）

『なないろの筆』李家正文（法政大学出版局）

『研修（8）（362）』誌友会事務局研修編集部

『サングラフ 1955年6月号』サン出版社

【新聞】

「日本経済新聞」

「朝日新聞」

「読売新聞」

★読者アンケートのお願い

本書のご感想をお寄せください。アンケートをお寄せいただきました方から抽選で５名様に図書カードを差し上げます。
（締切：2024年７月31日まで）

応募フォームはこちら

おかるとらべる 365日ホラー旅

2024年７月５日　初版第一刷発行

著者……………………………… Coco
編集協力………………………… Studio DARA
デザイン・DTP ………………… 荻窪裕司（design clopper）

発行所…………………………… 株式会社 竹書房
〒102-0075　東京都千代田区三番町８－１
三番町東急ビル６F
email：info@takeshobo.co.jp
https：//www.takeshobo.co.jp
印刷所…………………………… 中央精版印刷株式会社